［復刻版］

中等修身

女子用

文部省

ハート出版

［復刻版］中等修身　女子用

天壌無窮の神勅

豊葦原(とよあしはら)の千五百秋(ちいほあき)の瑞穂(みずほ)の国(くに)は、是(こ)れ吾(あ)が子孫(うみのこ)の王(きみ)たるべき地(くに)なり。宜(よろ)しく爾皇孫(いましすめみま)就(ゆ)きて治(しら)せ。行矣(さきくませ)。宝祚(あまつひつぎ)の隆(さか)えまさんこと、当(まさ)に天壌(あめつち)と窮(きわま)りなかるべし。

【口語訳】

日本は、我が子孫が王として治めるべき国です。我が孫よ、あなたが行って治めなさい。さあ、お行きなさい。皇室は、天地とともに永遠に栄えることでしょう。

目録

中等修身　三　女子用

詔勅

附録

中等修身　一　男子用

中等修身　二　男子用

中等修身　三　男子用

凡例

一、本書は、文部省著（女子用）『中等修身』一・二・三（昭和十九〜二〇年発行）を底本としました。

二、附録に（男子用）『中等修身』一・二・三のうち、女子用および既刊の『［復刻版］高等科修身 男子用』と重複しない章のみを収録しました。

三、原則として、旧字は新字に、旧仮名遣いは新仮名遣いに改めました。

四、原則として、漢字カタカナ交じり文は漢字ひらがな交じり文に改めました。

五、底本のふりがなを整理し、新たにふりがなを追加しました。

六、詔勅には句読点を追加しました。

七、明らかな誤字脱字は訂正しました。

八、挿画の説明文を『編纂趣意書』を参考にして追加しました。

九、巻末に、「用語説明」と橋本琴絵氏による「解説」を収録しました。

〔編集部より〕

当社で復刻を希望される書籍がございましたら、本書新刊に挟み込まれているハガキ等で編集部まで情報をお寄せください。今後の出版企画として検討させていただきます。

中等修身　一　女子用

一　皇国の使命

新しい学校に教えを受ける喜び。中等学校入学を許された私どもは、ほころび初めた桜の花にも、皇国日本に生まれた誇りを心から感じないではいられません。勤皇の志士佐久良東雄（あずまお）先生の歌に、

さくらさくうまし御国に生（あ）れいでてかくたのしむはうれしからずや

とあります。私どもは、今、皇国のありがたさかたじけなさを深く心に刻んで、勉強を続けなければなりません。

山川の美しさにもいやまさって、わが国体はいともうるわしく、又、尊いのであります。天壌無窮の神勅に基づいて、君臣の大義はとこしえに定まり、万世一系の天皇がお治めになる皇国は、神武天皇御即位以来、既に二千六百有余年の輝かしい歴史をくりひろげてまいりました。歴代天皇は天照大神の御心（みこころ）を御心として、お承（う）け継ぎになるのであります。

明治天皇の御製（ぎょせい）に、

暁のねざめのとこにおもふこと国と民とのうへのみにして

と仰せられてあります。この御製に拝するところは、そのまま歴代天皇の大御心であらせられます。この大御心のまにまに、国はおのずから平けく、民草はひたすら詔を畏み仰いで、一億一心、聖寿の無窮を祈り奉り、忠孝の美徳を発揮し、一死報国の赤誠に燃えるのであります。

天皇の御楯となりて死なむ身の心は常に楽しくありけり　　鈴木重胤

という歌の心こそは、そのまま道の国日本に生をうけた者の、誰しもがもつ感懐であります。

しかも、君臣の大義を貫ぬき、上下一致して皇運を扶翼し奉ると共に、肇国の大精神の発揚に努めることこそ、私どもの栄ある責務です。肇国は、唯大むかしに行なわれた過去の事がらというだけではありません。天照らす光をあまねく照り徹らせ、万民をはぐくみお育てになる御事は、いつまでも変らない明らかな事実であります。万邦をして各々その所を得しめ、兆民をして悉くその堵に安んぜしめると仰せ出されてあるのも、八紘為宇の御精神を現したまうたものと拝察せられます。

昭和十六年十二月八日、米国及び英国に対する宣戦の大詔を下したまうや、国民はこぞって敵撃砕の聖戦に身命を捧げようと、深く心に誓いました。

御稜威のもと、忠誠勇武なるわが陸海将兵は、緒戦に赫々たる戦果を挙げ、必勝不敗の態勢を固めたのでありました。東亜十億の民もまた、希望に満ち満ちて、大東亜建設のために起ち上ったのであります。わが日本を中心として新しい世界が開けて行く、この千載一遇の御代に生まれ合わせたことを思えば、

御民われ生けるしるしあり天地の栄ゆる時にあへらくおもへば　　海犬養岡麻呂

の感激を、いよいよ深くしないではいられません。

かえりみれば、明治以来わが国は、道の国日本の真価を発揮し、東亜永遠の安定を図って、世界平和の基礎を固めようと、さまざまの辛苦を重ねて来ました。大東亜の建設と世界新秩序の確立は、実に皇国の使命であり、肇国以来の大理想であります。

ところが、米英両国はいつまでも世界制覇の野望から目ざめず、東亜の諸民族に強い圧迫を加えて、わが使命の遂行を妨げ続けて来ました。さきの満洲事変は、このような事情のうちに起り、わが国は満洲帝国の建国を助けたのでありました。けれども、中華民国はわが真意を理会せず、その上、米英の甘言に乗せられて、わが国に挑戦しました。間もなく国民政府が更新

し、わが国と提携するようになりましたが、重慶にある政権は、なお米英の力を頼んで、その心を改めようと致しません。米英もまたこれに乗じ、わが国を圧迫して、遂に大東亜戦争は勃発したのであります。

大東亜会議（昭和十八年十一月）

敵米英を撃破して、道義に基づく世界新秩序を招来するためには、なお幾多の困難に打ち克たなければなりません。世界制覇ということに強い執着をもつ敵の反攻は、空に、海に、だんだん烈しくなって来ました。そうして、戦はまさに長期戦となって、激烈な戦闘が引き続き行なわれています。前線将兵はあらゆる辛酸をなめて敵と戦い、銃後国民もまた、その全力を挙げて国土防衛と戦力増強のために働き続けています。

この時に当って、皇国の運命を荷なう私どもは、中等学校の生徒として、現在なお学びの道にいそしむことができるのであります。私どもは皇恩の広大無辺に感激すると共に、戦局の重大なことを思い、皇国女子の真価を発揮して、日常生活を意義深く送らなければなりません。そのために最も大切なことは、尊い皇国の使命を深く体認し、婦徳を磨いて、国家の命ずるところに従い、全力を尽くし、学問・技能の修練に励んで、君国に報いる覚悟を固め、又、勤労に奉仕して戦力増強に資することであります。国家の将来を荷なう私どもは、今こそほんとうに、皇国民として生をうけたこの光栄に奮い起たなければなりません。

二　学びの道

橋本左内先生が生まれられたのは、明治の大御代の開ける前のことでありました。幼時から学問の志が篤く、十五歳の時、早くも「啓発録」一巻を著して、自分の向かうところを明らかにされました。その中に、

> 志を立つるとは、この心の向かう所をきっと相定め、一度右の如く思い詰め候えば、いよいよ切にその向きを立て、常々その心持を失わぬように持ちこたえ候事にて候。凡そ志と申すは、書物にて大いに発明致し候か、或は師友の講究により候か、或は自分患難憂苦に迫り候か、或は憤発激励致し候かの所より立ち定まり候ものにて、平生安楽無事に致し居り、心のたるみ居り候時に立つことはなし。志なき者は魂なき虫に同じ。いつまでたち候うても、丈ののぶることなし。

と言われています。実に、学びの道にいそしむ者にとって尊いのは、この立志ということであります。年少の頃、既に志を立てること堅く、又、気概に燃えていられたからこそ、先生は若くして勤皇の大義に身を挺し、遂に、国史に不朽の名をとどめられたのでありましょう。

橋本左内肖像及び自筆の「啓発録」の一部

私どもは昭和の聖代に生をうけ、君国の庇護のもとに、今、こうして学校生活を送っています。この幸福を唯幸福と思うだけではなく、志をしっかり立て、君国のために学び、君国に報いる決意を深めなければ、何の面目があって父祖にまみえることができましょう。

土佐の勤皇の人谷秦山先生もまた、好学の心に燃えた人でありました。秦山先生が志を立てて京都に上られたのは、十七歳の時であります。初め浅見絅斎先生の門に学び、やがてその師山崎闇斎先生の教えを受けました。家が貧しいため、秦山先生が闇斎先生のもとにとどまったのは、前後わずか一年に足りません。しかし、秦山先生はどこまでも師を思う心の厚い人でした。

闇斎先生は、弟子に向かって極めて厳格な人であったといわれています。秦山先生はこの師に対して、ちょうど親に対すると同じような誠を尽くされました。闇斎先生は、天和二年に亡くなられましたが、当時土佐に居られた秦山先生は、直ちに京都へ出て師の霊を祀り、その後も、生前の師と共に歩んだ道を、終生変えるようなことをされませんでした。秦山先生は益々信念を深め、遂に皇国を基本とする学問を大成して、貧苦とたたかいながら、大いに勤皇思想を鼓吹されたのであります。

皇国の学問に励んで、国家のお役に立とうとする私どもは、今、秦山先生の精神を範として、志を堅く持し、師に信頼と敬愛の誠を捧げなければなりません。師は道の親であります。山鹿素行先生も、「師を重んじて之に事うるは、身を修むる所以なり」と述べていられます。たとえ、師がどんなに厳しい態度を示されるにしても、皇国の教えのために苦心される師の深い心を体して、いよいよ学びの道にいそしまなければなりません。

師は教えのためには厳格ですが、その胸中には、深く慈愛の心をたたえていられます。私どもは、決して師の恩を忘れるようなことがあってはなりません。師恩に感じ、師恩に報ずる第一歩は、師に信頼と敬愛の誠を捧げることです。りっぱな仕事を成し遂げて君国に報じた人々が、どんなに師を思う念に厚かったかを考えてみることが大切であります。私どもは師に対して、どこまでもつつましくしなければなりません。又、かりそめにも、礼にはずれたふるまいがあってはなりません。

どのように学問が進んでも、師の恩を忘れて驕り高ぶる者は、人として、道にはずれています。まして、修学途上の私どもは、師に対してどこまでも恭敬で、礼儀を尽くすようにしなければなりません。道を問い、物をたずねるには、不遜な態度があってはなりません。謙虚ということが、学ぶ者にとっては、一ばん大切なことであります。

師の教えは尊いものですが、更にみずから奮発して学ぼうとする気概がなければ、師の導きも効果はありません。古人も、師は大きな鐘のようなものであると言っています。弱く打てば小さく鳴り、強く打てば大きく鳴ります。どこまでも志を遂げようとする気概を以って、進んで師の教えを乞うてこそ、学問は進むのであります。しかも、学んだことは、総べて行なうことが大切です。どんなに善いことでも、行なわなければ、身についた学問にはなりません。頭の中で考えてはわからないことでも、身を以って行なえば、自然にわかるようになります。学徒にとって大切なのは、学問を行ないの中に生かすということであります。

現在、わが国は、国を挙げて聖戦に従事しています。私ども女子もまた、前線将兵の心を心として鍛錬に努めると共に、国家の要求にこたえて、戦力増強のため、努力しなければなりません。私どもが進んで事を学ぶ気概をもち続けるならば、私どもの赴（おもむ）く所は総べて学校であり、又、私どもを導く人は総べて皆先生です。山鹿素行先生は、「其（そ）の言行己より賢（まさ）れる者は、以って師とすべし」とも、「天地は是れ師なり、事物は是れ師なり」とも言われました。私どもの学ぶ所は、決して教室の中だけではありません。恭謙（きょうけん）な心を以って学びの道にいそしもうとすれば、どこでも教室となり、道場となることを忘れてはなりません。しかも、そうした心構えであってこそ、始めて皇運扶翼の大義に生きることができるのであります。

三　負荷の大任

昭和十四年五月二十二日、時あたかも支那事変の最中に、全国の学徒代表は、宮城二重橋前の広場で、天皇陛下の御親閲をかたじけのうしました。

この日天気晴朗、空には一点の雲もなく、陽光は青葉に映えて、さながら学徒無上の光栄を祝うかのようでありました。三万二千五百余名の学徒代表は、各々校旗を先頭にして、一糸乱れず、堂々の行進を始めました。緑したたる大内山を背景に、くっきりと浮かび上った純白の玉座には、天皇陛下の御英姿を拝しました。しかも、畏(おそ)れ多いことながら、陛下には御前(ごぜん)を行進する各隊に対して、一々挙手の御答礼を賜(たま)わったのであります。この光栄、この感激に、誰か奮い起たないでいられましょう。三万有余の若人は、皆感激にまなこをうるませ、尽忠報国を誓い奉ったのでありました。

当日午後、陛下には、更に文部大臣を宮中にお召しになって、青少年学徒に対して勅語を賜わりました。陛下には、かねて教育に深く大御心を注がせられ、屢々(しばしば)教育に関して優渥(ゆうあく)な御言葉を賜わりましたが、このように、特に青少年学徒に勅語を下賜(かし)あらせられたのは、全く空前のことでありました。私どもは、学徒の上に垂れさせたまう大御心のかたじけなさ・ありがたさに、深い感激を覚えずにはいられません。

勅語には、先ず初めに、

国本に培い、国力を養い、以て国家隆昌の気運を永世に維持せんとする任たる極めて重く、道たる甚だ遠し。而して其の任実に繫りて汝等青少年学徒の双肩に在り。

と仰せられてあります。青少年は国力の源であり、一国の盛衰は、青少年がしっかりしているかいないかで定まるといっても、過言ではありません。この重い使命が青少年学徒、即ち私どもの双肩にかかっているぞと、かたじけなくも上御一人から、厚い御信任をこうむっているのであります。更に、勅語の終りには、

負荷の大任を全くせんことを期せよ。

と仰せられてあります。この深い御期待を身に受けた青少年学徒は、限りない光栄と重責を益々深く肝に銘じなければなりません。

勅語を賜わってからここに数年、支那事変はそのまま大東亜戦争へと移って、今や決戦の段階へ突き進みました。戦局はまことに重大であります。ガダルカナルの転進から、山本連合艦

隊司令長官の壮烈な戦死、アッツ島に於ける山崎部隊長以下皇軍将兵の玉砕、更に又、タラワ・マキン両島に於ける柴崎指揮官以下の尊い戦死などの出来事は、一億国民の胸を打ち、前途益々容易ならぬものがあることを思わせます。国家の将来を荷なう青少年学徒の務めは、極めて大切であります。

　青少年は、唯国家の明日を荷なうだけのものではないのです。新しい世界の築かれて行く時、青少年は国家の今日を支えると共に、又、明日の国運にも備えるという二重の責任をもっているのであります。

　勅語の中に仰せられてある「国家隆昌の気運を永世に維持せんとする」道とは、今、大東亜戦争に勝ちぬき、大東亜建設の大業に邁進するということのほかにはありません。皇国は、私ども青少年学徒が、強健な心身やおおしい気性を養い、一切を捧げて御国に報いる至誠を求めて止まないのです。

　青少年学徒の第一に心掛くべきことは、至誠尽忠の精神に徹することであります。大伴家持卿の歌に、大伴氏の祖先以来の誓いを述べて、

　　海行かば水づく屍、山行かば草むす屍、
　大君の辺にこそ死なめ、かへりみはせじ。

と言っています。皇国に生まれて忠を致し、命を捧げることこそ、臣民の道であります。軍人であれ、学徒であれ、そのほかどんな地位、どんな職業にあるにしても、臣民として君国に報いる道に変りのあるはずはありません。国民の心得は、教育に関する勅語の中に、明らかに仰せられてある御訓え(みおしえ)の一つ一つを、日夜服膺(ふくよう)することにあるのです。終日の坐作(ざさ)進退、学問・技能の習得に至るまで、一切の生活が、総べて皇国の道に則(のっ)とった修練でなければなりません。

毎日、朝夕、父母に孝ならざるか、兄弟に友ならざるか、朋友に信ならざるかを反省してみましょう。そうして、もし悪かったと気が附いたならば、これを再びしないように心掛けましょう。

青少年学徒の第二に心掛くべきことは、皇国の使命に就いて深い理会と堅い信念をもつことであります。大東亜戦争は、道義に基づく世界新秩序の建設を目ざしています。昭和十五年九月二十七日、日独伊三国条約締結に際して下し賜わった詔書(しょうしょ)の中に、

> 万邦をして各々其の所を得しめ、兆民をして悉く其の堵に安んぜしむる

と、明らかに仰せられてあります。私どもは、この大みわざを翼賛し奉るため、遠大な識見と

たくましい気魄を十分養わなければなりません。

　青少年学徒に賜わりたる勅語に、

汝等其れ気節を尚び、廉恥を重んじ、古今の史実に稽え、中外の事勢に鑑み、其の思索を精にし、其の識見を長じ、執る所中を失わず、嚮う所正を謬らず、各其の本分を恪守し、文を修め、武を練り、質実剛健の気風を振励し、以て負荷の大任を全くせんことを期せよ。

と仰せられてあります。

　謹んで拝誦致しますと、勅語のこの箇所では、青少年学徒の負荷の大任を果すべき方途に就いて、お諭しになったものと拝察せられます。即ち、学徒としての重大な任務を背負って立つ私どもは、気概・節操を尚んで、言行を清く保ち、恥を知る心を大切にしなければならないとの仰せであります。又、古今の歴史の事実を考察して、自分の進むべき道をわきまえ、広く内外の情勢を察して将来に備え、更に精密にして確実な思索力を養い、識見を高めることに努めると共に、片寄るところなく、正しい道を歩んであやまたないようにと諭したまい、そうして、各々学徒としての本分を慎み守って、文武の修練にいそしみ、質素堅実、努めて止まない気風を振るい励まし、以って負荷の大任を完うすることに努力しなければならないと、宣わせたまうたのであります。

私どもは、この御言葉を心にしめ、大国民としての資質を備えることが大切です。それでなければ、大東亜十億の諸民族の先達として進むことは、到底望まれないことであります。特に肝要なのは、戦時下の青少年が修文練武に努め、質実剛健の気風を振るい起すことであります。

国民精神作興に関する詔書に、

国家興隆の本（もと）は国民精神の剛健に在り

とお諭しになられました。剛健不屈の心身を備えないで、どうして今、日本の果すべき大業を成し遂げ、世界の進展に備えることができましょう。皇国の使命と戦局の推移を深く思う時、私ども学徒は、更に一段の奮起が必要であることを感じないではいられません。実に、私どもの日常生活の根本は、この「皇国のため奮起する」ということをおいて、ほかには全く存（そん）しないのであります。

四　創造を勗む

　暁のさわやかな大気を切って、真紅の翼を張った航空機が、飛行場を疾駆しています。昭和十三年初夏のことでありました。燃料を満載した重い機体は、滑走路を一ぱいに走って大地を離れ、そのまま東京湾の海面すれすれに飛んで、次第に高度を上げて行きました。時に五月十三日午前四時五十五分、所は木更津海軍飛行場で、今、航空研究所の試作長距離機が、世界記録を目ざして飛び立ったのです。次第に小さくなって行く機影を見送った関係者一同の面には、安堵と緊張の混った表情が浮かんでいます。壮図の成功を祈りながら、一同は今日までの苦心を、改めて思い返したのでありました。

　回顧すれば、長い間の辛苦でありました。研究所が、航続性能の非常にすぐれた飛行機を製作しようとして、設計に取り掛ってからもはや数年になります。すぐれた飛行機を作るためには、精密な科学研究を基礎としなければなりません。関係者は、ひたすら模倣を排し独創に努めて、目的を貫ぬこうと、人知れぬ苦労を続けました。

　研究所の智能を総動員して設計が出来上ったのは、昭和十年のことであります。それからいよいよ工作が始ります。機体・発動機の工作者がそれぞれ決定され、更に、操縦者として、藤田陸軍中佐が選ばれました。

藤田中佐

世界一の性能を目ざした長距離機のことです。設計には思い切って新味が加えられたので、いきおい、工作は困難になります。工作者と設計者の双方とも、それぞれ責任を重んずるだけ、自説を主張して折り合うことが容易でありませんでした。しかし、この国家的事業に対する関係者一同は、熱誠こめて遂にあらゆる困難を克服し、優秀な航空機を完成するようになったのであります。

第一回の航続飛行を試みた時には、引込脚（ひきこみあし）の故障で失敗しましたが、それでも、一同は決して屈しません。更に改良を加えて、第二回目の飛行が行なわれました。その時もまた、約十時間ほど飛行した後、自動操縦装置の故障のため、着陸しなければならなくなりました。しかし、それでも一同は決して落胆せず、不眠不休で整備に没頭したあげく、この十三日の朝を迎えたのでありました。

千メートルの高度を取った長距離機は、好調を保って銚子―太田―平塚―木更津の周回航路を飛翔し続けました。機上では、藤田中佐を始め副操縦士と機関士が、辛抱強く、又、慎重に、或は操縦に、或は発動機の調整に、力の限りを尽くしています。やがて、機上の第一夜が来ました。夜は次第にふけて十一時を過ぎると、大気は澄み、満月は中天に冴え渡ります。月光を浴びながら、長距離機は悠々と関東平野の上を周回しています。十四日の午前三時過ぎ、東の空は白んで、地上近くには霧が現れ、それがだんだんと広がりました。やがて、海上長くたなびく雲が、次第に赤みを帯びて来ます。雲の切れ間から、さっと太陽の光がさしました。

二日目も無事に過ぎ、その夜も明けて、搭乗員は第三日を無事機上に迎えたのでありました。天気は快晴です。わが進歩した気象観測の確実さ。天気予報はみごとに適中しました。しかし、もう少しで、これまでの世界記録を破ることができるという時、機体がわずかに震動し始めました。搭乗員は、「発動機よ、もう暫くがまんしてくれ」と、祈らずにはいられませんでした。

そのかいあってか、機は無事に飛翔を続け、遂に二十七周、記録は破られました。機上の三人は思わず顔を見合わせて、にっこりと笑いました。しかし、次の周回の時から雲が重なり始め、やがて附近の山々にも、雨を含んだ雲がだんだんと増して来ます。一回を重ね、更にもう一回という時、藤田中佐は決然として叫びました。

「これで降りよう」

燃料はまだ残っています。飛行する気があれば、楽に続けることができるのです。しかし、中佐は無謀を避けて慎重を期し、ここで着陸を決意したのでありました。

機は夕闇の中を、地上の照明燈をたよりに着陸しました。時に十五日午後七時二十一分。周回航続距離一万一千六百五十一キロ強の世界記録は、こうしてみごとに樹立されたのです。搭乗員は三日間の苦闘を忘れて、油にまみれた機体に向かい、「よく働いてくれた。ありがとう、ありがとう」と、何べんも感謝の言葉を述べながら、飛行場に降り立ったのでした。

関係者一同の喜びは、どんなであったでしょう。国民もまた、こぞってこの成功を祝し合いました。しかし、関係者たちが過去数年間の張りつめた気持から救われて、一夜ぐっすりと眠った翌朝、藤田中佐は長期飛行の疲労をものともせず、周回飛行の経験による二十一箇条の改造意見を提出して、関係者たちを驚かせました。人々は、どこまでも責任を重んずる中佐の態度に、感歎(かんたん)するほかはありませんでした。

この航続飛行が、このようにみごとな成功を収めたのは、わが航空技術を益々高めようとして、関係者一同が創造の気魄に燃えて、科学の研究に、技術の錬磨に、精魂を傾けて事に当ったからでありました。更に大切なのは、各分野の人々が大きな目的のため、深い責任感のうちに一致協力したことであります。科学も技術も、自分の小さな分野に閉じこもっているだけではだめです。みんなが目的を一つにして、互に分を尽くし、力を合わせてこそ、りっぱな実を結ぶことができるのです。

現在の陸軍機

今や、訓練に訓練を重ねた忠誠勇武なわが将兵は、世界に誇る優秀機を駆って、日ごとに戦果を拡大し続けています。藤田中佐の熱誠に刺戟を受けて、わが航空技術は、日に日に躍進の一途をたどり、面目を更に新しくした航空機が、次々に作られて来ました。その後、中佐は大陸の空に奮戦しましたが、昭和十四年二月、遂に名誉の戦死を遂げられました。しかし、その魂はいつまでも残って、航空機の発達を見護っていられるに違いありません。

大東亜戦争の真直中、敵の反攻はいよいよ熾烈を極めています。航空機や搭乗員は、いくらあっても足りない有様です。私どもは、出陣した勇士たちに代って、どんな方面の働きでも、女子でやってのけるというだけの自信と、その底力を養うことが大切であります。

践祚後朝見の儀に於いて賜わりたる勅語に、

> 模擬を戒め創造を勗め、日進以て会通の運に乗じ、日新以て更張の期を啓き

と仰せられてあります。私どもは、ここに大御心のほどを畏み仰ぐ時、先進の士の苦心の跡をしのび、更に工夫創造の根柢に深く培い、あらゆる科学技術を磨きに磨いて、科学日本の威力を示すことに邁進しなければなりません。

五　父母

幼児をいつくしむ世の父母の姿を見るにつけ、私どもは、幼い頃を思い出さずにはいられません。父母は辛苦の限りを尽くし、自分の身を忘れて、ひたすら、私どもが健(すこ)やかに成長して行くのを冀(こいねが)っています。一たびこの事に思い及んだ時、誰一人父母に感謝・敬慕(けいぼ)の心を捧げない者がありましょうか。

もとより、人として父母を思わない者はありません。しかも、私どもは唯父母を慕(した)い、父母に心を寄せるだけでよいといえましょうか。

橋本左内先生は、「啓発録」に、

> 父母の目をぬすみ、芸業・職務を怠り、或は父母によりかかる心を起し、或は父兄の厳しきをはばかりて、とかく母の膝下(しっか)に近づき隠るることを欲するたぐい、皆幼童の水くさき心より起ることにして、幼童の間は強いて責むるに足らねども、十三、四にもなり、学問に志し候上(そうろううえ)にて、この心毛ほどにても残りこれある時は、何事も上達致さず、とても天下の大豪傑と成ることは叶わぬものにて候。

と述べていられます。

左内先生は、十五歳の時、既にこのような気概をもっていられたのです。幼児ならば、父母に甘えるだけでもよいでしょう。しかし、私どもは今、中等学校の生徒として、父母の心を思い、父母に対する自分の行ないを深く反省するところがなければなりません。

親子の間がらは、皇国の大道に則とって、極めて大切なものであります。教育に関する勅語には、臣民の守るべき道をお示しになって、その最初に、「父母に孝に」と仰せられてあります。父母の心を安んじ、家の生活を正しく健かにすることこそ、皇運扶翼の大道を進む第一歩です。

父母は言わず語らずの間に、私どもを陛下の赤子として育て、尽忠報国の誠を致すよう心のうちに念じ続けています。道の教えに従って、日夜勉め励むりりしいわが子の姿を見る時こそ、父母は無上の喜びを感ずるのです。もしも、私どもが気概なく、学業を怠り、或は節操なく、道にもとる行ないをするようなことがあれば、父母を悲しませ、祖先の名を汚す不孝の子であるばかりでなく、大御訓えにそむく不忠の民といわなければなりません。私どもは、よくこの道理をわきまえ、父母の意を体して、心身を錬磨しなければなりません。

「孝は百行の本」という言葉があります。よく父祖の志を継ぎ、家門の名誉を思う人であってこそ、始めて忠勇義烈に生きることができるのであります。

昭和十三年三月、北支の空に護国の華と散った砥綿陸軍大尉の遺品中に、長く巻いた一束の手紙がありました。それは、数年前から、大尉の父が大尉に書き送った手紙を、一つ残らず継ぎ合わせて保存したものでありました。大尉の心中は、死の四日前に綴られた日記の一節にもうかがわれます。

> 突如、左発動機不調となり、忽(たちま)ち猛烈なる震動を生じ、白煙を吐く。敵戦線内数百キロ、不時着せば死は必然なりと、乗員ひとしく死を決し、発動機を愛護しつつ帰還を続行す。脚下に渭水(いすい)さむざむと水をたたえ、友軍の進出せる黄河の線は、雲煙のかなたにありて見えず。高度次第に低下して、死魔刻々に襲うも屈せず。必死の勇を鼓(こ)して乗員を励ましつつ東進す。拳銃・軍刀・マッチを手近に置き、不時着せば焼却し、敵をほふって自決せんと、機上に皇居を拝し、故山(こざん)の父母の健康を祈る。

従容(しょうよう)として死を覚悟し、機上に皇居を遥拝(ようはい)し、又、切に父母の健康を祈り続ける勇士の姿をしのぶ時、私どもは、思わず襟を正さずにはいられません。この時、一たび危機を脱した大尉も、その後、遂に大東亜建設の尊い礎(いしずえ)となられたのであります。

まことに、砥綿大尉の示された深い孝心こそは、そのまま忠誠勇武なわが将兵の心にほかなりません。親につかえては至孝、敵に対しては必殺の攻撃精神に燃えて敢然(かんぜん)たるところに、皇軍将兵の真面目(しんめんもく)があります。

明治天皇の御製に、

たらちねの親につかへてまめなるが人のまことの始(はじめ)なりけり

と仰せられてあります。家にあって孝心深い子なればこそ、真に忠良な臣民ともなり、徳望の高い人ともなるのです。忠を離れて孝はなく、実に孝は忠を根本としているのであります。私どもは、この忠孝一本の至情が、一切の善行の基(もとい)であることを、深く心に刻んでいなければなりません。

「日本外史」によって、一世にその名をうたわれた頼山陽(らいさんよう)先生は、父亡きあとの母を京都に迎えて、その心を楽しませようと思い立ちました。母と上洛(じょうらく)の途上、山陽先生は、

輿(よ)行けばわれまた行き。
輿止(とど)まればわれまた止まる。
輿中道上語りてやまず。
歴指す某山と某水と。

頼山陽の筆蹟
幾回帰覲在江城
仙島唯看黛色横
松漏朝暉沙尚湿
維舟今日掖親行
辛卯帰省奉母遊厳嶋　頼襄

と、駕籠の中にあった母と道中の景色を語らいながら旅行する幸福を、詩の一節に叙していられます。又、共に吉野を訪れては、母の喜ぶ顔を見て、

輿に侍して百里嶙峋を度る。
花落ちて南山万緑新たなり。
筍蕨杯をすゝむ山館の夕べ。
慈顔おのづから十分の春あり。

と詠じて、孝子の喜びを述べていられます。

「樹(き)静かならんと欲すれども風止まず、子養わんと欲すれども親待たず」という古語がありま す。私どもは、朝な夕な、敬愛の誠をこめて父母につかえ、家事を手伝うよう心掛けることが大切であります。特に私ども皇国の女子は、

おやのためつねはをしみてことしあればきみゆゑすてん命とぞおもふ　大国隆正(おおくにたかまさ)

という歌の意を体して、日々を意義深く送るべきであります。

六　温雅貞淑

男子は男らしく、女子は女らしくあってこそ、家も斉い、国も栄えるのであります。男子は剛毅で勇敢、家を外に立ち働いて、国のため世のために尽くすべきものであり、女子は温雅で貞淑、内を治めて和を図り、みずから表面に立つよりは、人をして立たしめるよう、かくれた働きによって国に尽くすべきものであります。

やさしい母や姉妹のあるところ、一家はいつも暖かい春風に包まれて、男子を力附ける基となるのであります。しとやかな女子の温かい心は、人々の心をやわらげ、生活に気品を与えることができます。一家の団欒はもとより、隣り組や親戚の人々との交わりにも、温かい心で親切を尽くし、なごやかに譲り合い、わがままを抑えて睦まじくするのも、女子の力に負うところが極めて大きいのであります。一国の親和にも、このような女子の働きが、かげの力になることを忘れてはなりません。

古来わが国では、神の御魂に和魂・荒魂の両面の働きのあることが信じられています。この両面の御魂の働きが相和して、万物は生々発展します。同様に、男子の剛毅と女子の温雅と相まって、私どもの国民生活・家庭生活も円かな発展を遂げるのであります。じみな目立たない働きであっても、女子の徳は、このように尊いものであることを思わなければなりません。

山路来てなにやらゆかしすみれ草　　芭蕉

草蔭につつましく咲く可憐な菫にも、山路行く旅人はいい知れぬなつかしさ、おかしがたい気高さを感じ、更に敬虔の念を催して力附けられるようにさえ感ずるのであります。女子の美徳は、まさにこのようなものでなければなりません。

女らしくあるためには、先ず言葉を慎むべきです。言葉は心の現れであります。心にもないお世辞を言ったり、よい加減のことをうわのそらで話すなどは、最も恥ずべき行ないといわなければなりません。芭蕉翁も、

人の短を言うことなかれ、己の長を説くことなかれ。

物言へば唇さむし秋の風

と言って、常にみずからを戒めていました。私どもは語るべき場合を知り、黙すべき時をわきまえ、いつも女らしい上品な言葉を用いることに努めなければなりません。北畠親房卿は神皇正統記に、「言語は君子の枢機なりといえり」と述べ、「堅き氷は霜を踏むよりいたるならいな

れば、乱臣賊子（らんしんぞくし）というものは、そのはじめ心言葉をつつしまざるより出で来るなり」と、言葉の乱れを戒めていられます。私どもはややもすると、慎みのない言葉を口にすることがありますが、常に注意しなければなりません。

言葉と共に、顔色もまた大切であります。顔色は心持の如何によって照りもし、曇りもします。いつも、努めて顔色をやわらげ、にこやかに人に接する時は、おのずから自分の心も明かるく、楽しくなるものです。まことに、怒りや悲しみの情をみだりに顔に現さないのは、日本女子のたしなみであります。たしなみを深くするためには、常に素直な心をもつことに努め、又たしなみ深い人々の行ないに学んで、己がふりを正すよう心掛けることが大切です。

特に意を用うべきは、身なりであります。折り目正しい落ち着きのある衣服を着け、髪形から履物に至るまでほどほどに整っているのは、その人のたしなみや気品のほどもうかがわれて、見るからに奥ゆかしく感じられます。又、礼儀作法が正しく、起ち居ふるまいの温雅端正であるのは、いかにもゆかしいものであります。

しかも、しとやかなふるまいやみやびやかな心の中に、皇国の女子はりりしい気性を秘めていなければなりません。昔から、わが国の女子は温雅で親切な一面、忍耐強く、道を守って貫ぬき徹す気概をもっていました。かの小楠公の母といい、吉田松陰先生の母といい、細川忠興（ただおき）公の夫人といい、又、乃木大将夫人といい、皇国女子の範と仰がれる人々は、総べて温雅・貞淑の徳と共に、強い気性を備えていました。

皇太后陛下の御歌(みうた)に、

うつふしてにほふはる野のはなすみれ人のこゝろにうつしてしかな

と仰せられてあります。皇国の女子に望ましいのは、このようにつつましく、みやびやかな姿であります。正しいことにはあくまで強く、事あるときには、敢然として国家の急に赴く気概を内に深く秘めてこそ、ほんとうの温雅・貞淑ということができます。

今、戦力の増強に備えて、女子もまたあらゆる職場に赴き、男子と共に働いて、前線将兵の敢闘にこたえ、以って大御心を安んじ奉らなければなりません。しかも皇国女子は、いずこにあっても、古来の美風である温雅・貞淑の心を失わず、緊張した生活になごやかさを添えるよう努めることが大切です。軍国の母として恥ずかしからぬ資質を備えるためにもこの点をよくよくわきまえて日々の修養を怠ってはなりません。

七　わが国の家

私ども日本の国民は、天皇を現御神と仰ぎ奉ると共に、又、皇室を大宗家としていただいているのであります。私どもの祖先は、世々皇室の御恵みに浴して、ひたすら生業にいそしみ、皇室につかえ奉る赤誠を現して来ました。皇国の女子として、私どもは、常にこの祖先の遺風を顕彰し、家を斉え、国に報ずる覚悟を新たにしなければなりません。大伴家持卿は、

惜しき　清きその名ぞ　おほろかに　心思ひて　虚言も
祖の名断つな　大伴の　氏と名に負へる　健男のとも

と歌って、一族を諭しています。

肥後の忠臣菊池武時公は、河内の楠公に呼応して、いち早く勤皇の義兵を挙げ、賊将北条英時を博多の浜に襲いましたが、少弐・大友の違約によって戦に敗れ、子武重公を再起奉公のために郷土に帰しました。

故郷にこよひばかりの命とも知らでや人のわれを待つらん

という一首こそは、この時、武時公が郷里の妻子に書き送ったもので、家人を思う切々の情に溢れています。しかも、大義のさし招くところ、身を鴻毛（こうもう）の軽きに比して、大君の御前に忠死するというのが、菊池伝統の家風でありました。

家持卿の歌といい、この菊池伝統の家風といい、このようなものこそ、私どもの家の精神でなければなりません。よし、数ならぬわが家であっても、皇室を大宗家と仰ぎ奉ることを思えば、いやしくもこれを粗略にすることはできないのであります。

家の生活は、国民生活と密接なつながりをもっている極めて大切なものであります。わが国民は先ず家を斉え、家を通して公に奉じ、日に日に国力を養いながら、国運の隆昌に寄与することを願っています。子女を育てりっぱな皇国の民に仕上げ、国防に、教育に、

別格官幣社菊地神社。熊本県菊池郡隅府町隅府に鎮座。菊池武時、同武重、同武光を主祭神とし、菊池武士、同武政、同武朝を配祀神とする。

産業に、家政に、有為な人材を送るのは家であります。一面又、いこいの場所となって、一家団欒、家族の疲労をいやし、明日の活力を養うのも、家の大切な働きであります。

家の生業は、それぞれ直接或は間接に国力を充実するものであります。私どもが農耕や養蚕(ようさん)や、そのほか日々の家業を手伝って一家の繁栄を図るのは、やがて国力の増強に資するゆえんとなります。家中こぞって勤勉と節約とに心掛け、おごりと見えとを捨てて質実な家政をいとなみ、あらゆるむだを省いて物資の活用に努めるならば、それだけ国の戦う力を強めることができます。

明治天皇の御製に、

　　ほどほどにこゝろをつくす国民のちからぞやがてわが力なる

と仰せられてあります。この大御心を奉体して、私どもは一層家事に心をこめなければなりません。

家の堅実な生活があればこそ、健全な国民精神も育てられて行きます。家の生活は、決して一身一家に限られた私事ではなく、深く郷土と連なり、国家とつながるものであります。そうして、敬愛と道義に固く結ばれた一家が、こぞって臣民の道を励まし合うのが、わが国の家の伝統であります。清く正しい家風は、世の中の風俗を敦厚にし、忠孝の一門は、一郷一国の人々を忠孝の大道に奮い起たせます。昔から「三つ子の魂百まで」といわれて来ました。私どもは、忠臣も節婦も、実に家に於けるしつけによってその志が養われることを、十分わきまえていなければなりません。

　わが家は、これを父祖に承けて、更に子孫に伝え、祖孫一体となって、これを益々発展せしむべきものであります。わが国民は、古来このことを肝に銘じて、祖先を祭り、老人を敬い、その志を承け継ぐと共に、子女を慈育して、そのために身も心も捧げて来ました。ひたすらに祖先を尊び、又、子孫を思う、ここにわが国に於ける家の美風がみられます。子孫が家風・家訓を重んじ、先祖の祭や展墓をゆるがせにしないで、これらの機会に親類相集って一家一門互に睦び合うのは、皆祖孫一体の至情の現れであります。

　特に、私どもは成長の後、多くは他家に嫁ぐ者ですから、生家に居る間に父母に孝養を尽くし、又、嫁いでからは、先方の家風に従って身を慎み、家庭の和楽に努める心掛がなければなりません。

　家長は家の中心であります。家長を中心にして、一家全体が協力して、わが家を盛り立てることが大切であります。しかも、家長は大抵国家のために外に立ち働き、主婦が内にとどまって家政を斉えるものです。ですから、皇国女子の本分は、斉家報国ということであります。古くから、日本の家庭婦人は家政を中心として、いろいろにしつけられて来ました。今日も、そのことには変りがありません。私どもの研学・修業も家事の手伝いも、総べては斉家報国という女子の本分を完うするための修業です。私どもは、この点を深くわきまえ、家政に就いて識見を長じ、技能を磨き、皇国女子の本分を完うするよう、修練に努めることが大切であります。

八　勤労の精神

野には今、さわやかな秋の陽を浴びて、収穫の作業がたけなわです。風に乗って遠く近く運ばれて来る稲こきの音は、生産の雄たけびにも似て、力強いものがあります。どの田にも豊かな稲穂の波打つ間に、家々の人たちが睦まじく働いています。遥かかなたに、目も鮮かな日の丸の旗が、風をはらんで青空にはためいています。あの旗の下でも、同級生たちが真剣に手伝いを続けているに違いありません。手伝いに取り掛ると、土の匂いと稲の香が、生産の喜びをしみじみと感じさせます。実のりの秋。今、日本全国に、国民の命の糧(かて)が、頼もしく収穫されています。私ども学徒の勤労作業が、国の力になると思えば、慣れぬ仕事に手伝いながらも、自然に心が躍ります。

かえりみれば、農業はわが国の歴史と共に古いものであります。天照大神は国のはじめに親しく生業を教え給い、斎庭(ゆにわ)の穂(いなほ)をお授けになられました。豊葦原の瑞穂の国は、既に神代から農業が行なわれて、これを国民生活の基礎として、今日に伝えているのであります。

崇神(すじん)天皇の詔に、

農は天下の大本なり。民の恃(たの)みて以て生くる所なり。

と仰せられてあります。農民はその尊い生業のために、天佑神助に感謝しつつ、ひたすら国運の隆昌を冀い（こいねが）ながら、勤労にいそしんでいます。

このように、農業は大切なものですが、特に現下の大東亜戦争に際し、これを広く食糧問題と結んで考える時、極めて重大な意味をもって来るのであります。戦争に勝ちぬくためには、もちろん軍備を充実しなければならず、国民思想も健全でなければなりません。更に、それと共に、食糧に対する備えが、非常に大切であります。

政府はこの点に深く留意して、昭和十四年の頃から、組織的に食糧増産の計画を立て、更に進んで米のほか、麦やじゃがいも・さつまいもなどを多く用いるように指導して来ました。この計画が、農民の努力と国民一般の協力のもとに、着々と実行されているのは、まことに頼もしいことです。私ども学徒の勤労作業は、全くこのような大きな国家の動きの中に行なわれているのであります。

　時局重大の折から、多くの働き盛りの人々が、あらゆる職場から、お召しに応じて勇躍第一線に赴いています。私ども女子の作業は、これら前線に立つ人々に代って、国家の要望にこたえるために行なわれる尊い勤労であります。これを思えば、君国に捧げる至誠を以って、国家の必要とする仕事に、全心全霊を打ち込んで働かなければなりません。

　二宮尊徳先生は、勤労の尊さを身を以って体得し、これを教えとして世に示された人であります。その勤労の精神は、皇恩・天地の恩に謝し、至誠を以って国に奉仕するという一念に尽くされています。勤労・分度（ぶんど）・推譲（すいじょう）を貫ぬくに至誠を以ってした尊徳先生は、徳に報いるに徳を以ってする教えを垂れていられます。

　かつて先生は、小田原藩主の命を受けて、下野（しもつけ）桜町の復興に当られたことがあります。その時、大勢の人夫の中に一人の老人があって、いつも好んで木株掘りに当りました。この仕事は余り目立ちませんが、非常に骨の折れるものでありました。老人は、他人が休んでいる時にも、自分の仕事を倦（う）まず撓（たゆ）まず、満足そうに続けました。人が、

「休んだらよかろう」

とすすめても、

「わしは老人だから、若い者と一しょに休んだのでは用が足りない」

と言って、黙々として働きました。監督の役人は、老人が開墾の事業を嫌って、そんな仕事を

するのだと考え、この老人を使う尊徳先生を、ひそかに嘲（あざけ）っていました。しかし、尊徳先生は人夫たちに賃金を払う時、この老人には、却って余分に金十五両を与えられました。老人は驚いて、

「私は年を取っておりますので、一人前の賃金をいただくわけがございません。その上、こんな大金をいただいては、心苦しゅうございます」

と言って、固く辞退しました。

尊徳先生は、

「お前は誰も他人の働こうとしない所で働いた。人に何と言われようとも、真剣に働いてくれた。お前が邪魔な木株をせっせと取りのけてくれたので、仕事がこんなにはかどったのだ。この褒美は、お前の誠実に対する報いである。これを持って帰って、老いの身を養ってくれれば、私もうれしい」

と言って、強いて受け取らせたのでありました。老人がこの言葉に感動したことは、いうまでもありません。尊徳先生は、ほんとうに老人の勤労の精神を見ぬいていられたのです。

勤労の精神の大本は、天皇につかえまつる赤誠のほとばしり出るところにあります。同時に、それは報恩・感謝という至情を伴なうものです。尊徳先生は、実にこの大本に徹した人として、至誠を以って生涯を貫ぬき、つかえまつるという赤誠に終始されたのであります。

しかも、

故道（ふるみち）に積る木の葉をかきわけて天照神（あまてらす）の足跡を見む

というのが、先生の根本の心境でありました。天照大神は豊葦原の瑞穂の国をお開きになり、歴代天皇はこれをお承け継ぎになって、義は君臣にして情は父子という大御心で、臣民をいつくしませ給うのであります。そうして、臣民もまた忠誠勇武、その職分に励み、生業にいそしんで、君臣一円融合するところに、わが国独自の生々発展があります。尊徳先生は勤労の生活を通じて、直接に天地自然の理法に触れ、一切の教えの根本である皇国の大道に達せられたのであります。

私どももまた、古来の醇風美俗（じゅんぷうびぞく）に従い、つかえまつる赤誠をこめて、作業にいそしまなければなりません。しかも、目的に向かっては、どこまでも成し遂げるという堅忍持久の精神が大切であり、中途で挫折するようなことがあってはなりません。

勤労に当って戒（いまし）むべきは、自分の働きで恩恵を施（ほどこ）したと思い上ったり、或は報いをのみ求めようとしたりすることであります。寧（むし）ろ、勤労作業の一日を、教えを受ける一日として、深く感謝する心掛こそ大切であります。この心掛があれば、作業に用いる道具なども、決して粗末に扱うことはできません。兵器の手入れをする軍人と全く同じ心で、私どももまた道具をきれいに洗い、きちんと揃えて置くゆかしさをもたなければなりません。

勤労の尊いのは、農業だけのことではありません。一切の国民の生業は、総べて国力の増強をもたらし、生々発展するわが日本の真価を発揮するものとならなければなりません。どんな仕事にたずさわるにしても、常に創造の心を生かし、勤労の精神を以って励むことが大切であります。

又、勤労に当っては、周到な注意が大切であります。事に従って注意深ければ、仕損じが少いばかりか、よい観察もできるものです。常に細かい観察があってこそ、改良や創作の緒(いとぐち)も開かれます。それを歩一歩(ほいっぽ)と進めて行くところに、発明や進歩をみることができるのであります。

九　新しい経済

私ども国民は、常に皇国の隆昌を冀い、その生々発展のために身を捧げようと努めています。この目的を果すためには、あらゆる妨げを取り除いて、皇国を護ることが大切であります。皇国を防衛しない国民は、皇国の民ではないとさえいえます。この意味で、私ども国民が日々営んでいる経済の働きもまた、当然皇国を護るためのものでなければなりません。皇国を護り、又、経済力を強大ならしめて、国運の進展を来たすように努めることが、臣民の道であります。個人の経済は、もとよりこれに従って立てられなければなりません。

これまでは、往々国を護るということと経済とを、別のものであるように考える傾きがありました。つまり、経済は、個々の人々或はそれぞれの国が自由に競争して、その欲望を満足させ、一途に多くの利益を挙げるためのものと、考えられがちでありました。しかし、私どもはこの事に就いて、大いに考え直さなければなりません。即ち、一身一家の利害にとらわれないで、どこまでも国家・社会のためを図るべきものであります。

現代の戦争は、いわゆる総力戦であり、武力と共に経済もまた、戦争から切り離して考えられない点を思えば、なおさらのことであります。

私どもは戦争に勝ちぬくために、先ず、すぐれた強い軍備を整えなければなりません。そのためには、性能の高い軍需品をたくさん作り出す生産力を整えて、国力をしっかりさせることが大切です。随って、皇国の経済をもっと深く、もっと強く、もっと広いものにすることが必要になって来ました。

「もっと深く」というのは、国民の力をもっと根強く生産に向けることであります。「もっと強く」というのは、皇国の経済が、どこまでも自己の力で立つことができるように工夫して、どんな事が起っても、微動だにしない底力をもつようにすることであります。「もっと広く」というのは、経済の範囲を日本・満洲・支那から、更に大東亜に拡げて、共栄の実(じつ)を挙げられるよう、しっかりしたものにすることであります。

即ち、皇国経済の目ざすところは、大東亜に於ける自給自足の確立であります。そのためには、大東亜の各国が、いろいろな物資を自由に求められるようにすることが先ず必要であって、大東亜建設は、一面このために進められているといってもよいほどであります。現に、昭和十八年十一月初め、日本国・満洲国・中華民国・タイ国・フィリピン国・ビルマ国及び自由インド仮政府の代表者が東京に集って開かれた大東亜会議では、五項目に亘(わた)る共同宣言が発表されて、その中に、大東亜諸国家の経済提携を強く説き、これをはっきり認めた一項があります。このように、大東亜の諸国家・諸民族は、既に崇高な道義に基づき、各々その所を得て、大東亜建設の偉業を達成するため邁進しているのであります。

この雄大な目標のもと、その実現を期して、私どもは先ず国内で求めることのできる物資をも、できるだけ必要な用途に当てるよう工夫することが大切であり、このために、さまざまの代用品も作られているのであります。そうして最後に、私どもは、皇国日本を経済力に於いて、世界のどの国よりもすぐれた国にすることを目ざして、努力しなければなりません。

帝国政府は昭和十五年、いち早く新しい経済の動く方向を定めて、戦争に勝ちぬくための準備を整えました。もちろん、この戦争は一通りの心構えでは、決して片附くものではありません。この際、国民として最も大切なことは、国の定めたところをよく守ることであります。いろいろの命令や規則が次々に出され、又、企業の整備が行なわれるにつけて、私どもは皇国をりっぱなものにする戦士であることを固く信じて、それぞれ命令や規則に従って、進まなければなりません。

あらゆる統制は、生産力を高め、戦力を増強するために行なわれるのです。私どもは喜んでこれに協力すると共に、勤労を通して皇国に報い、大東亜建設の偉業を成し遂げる覚悟をもたなければなりません。

日常生活に於いては、物資を節約するために、総べてのむだを省き、努めて消費を少くすると共に、物資の利用更生を工夫することが大切であります。国民として務めを果すのも、このような手近なところから始ります。しかも、それがそのまま大東亜建設に身を捧げて、新しい世界を作る基となるのであります。この点をよくわきまえて、私ども女子は特に家庭の経済を、皇国経済の進んで行く方向に合わせて立て直すようにし、国運の進展に寄与するよう努めなければなりません。

十　団体生活

学校や寄宿舎の生活、或は広く隣り組や市町村の生活は、総べて団体の生活であります。団体生活なしに、私どもの生活はないのです。そうして、この団体生活をりっぱなものにして行くのは、その成員各自の務めであります。

遅刻する者や教室で緊張を欠く者が一人でもあれば、それだけで全体の生活の秩序がかき乱されて、一致協力の精神が失われます。遅刻する者は、もちろん訓戒を受けます。しかし、訓戒を恐れて遅刻しないというだけでは、まだほんとうに務めを果しているとはいえません。全体の中で受けもつ自己の分を自覚すれば、みずから進んで定められた規則を守らないではいられません。規則は、団体生活をいとなむ上に大切な土台であります。罰則を恐れて規則を励行(れいこう)するのでは、真に団体生活の結合を図ることはできません。私どもの生活が尊いのは、本分に基づく自己の務めを自覚して、全体のために進んで身をぬきん出て働き、しかも、それに対してどこまでも責任をとる覚悟をもつところにあります。そうして、それは己に克つという強い精神の力がなければ、到底できるものではありません。

私どもは家の生活で、子として、或は又姉妹として、長上(ちょうじょう)を尊敬し、幼弱をいたわり、上下の区別を重んずると共に、和気藹々(あいあい)のうちに敬愛の誠を現すのであります。この家の精神こそは、どんな団体生活に於いても、その根本となっています。

強くうるわしい団体生活の基は、成員の規律正しい行動にあるのです。昭和十六年一月八日、陸軍始の吉辰に当って示達された戦陣訓に、

> 皇軍軍紀の神髄は、畏くも大元帥陛下に対し奉る絶対随順の崇高なる精神に存す。
>
> 上下斉しく統帥の尊厳なる所以を感銘し、上は大権の承行を謹厳にし、下は謹んで服従の至誠を致すべし。尽忠の赤誠相結び、脈絡一貫、全軍一令の下に寸毫紊るるなきは、是戦捷必須の要件にして、又実に治安確保の要道たり。

とあります。尽忠の赤誠に発する軍紀の厳正こそ、皇軍の世界に卓絶するゆえんであります。学校生活に於いても、忠良な臣民を育成するという学校の本義をよくわきまえて、愛校の精神に培うことがその根本であります。そうして、校則を守り、校規を重んじ、同時に師を中心として上下の礼を厚くすることが、何よりも大切であります。礼儀が正しくなければ、上下の秩序は乱れ、規律が失われます。下級生は上級生を敬い、上級生は下級生の啓導に当ると共に、いつくしみを示すことを忘れてはなりません。そこに、おのずから恭敬親和の礼の精神が発揮されます。秩序正しく、しかも心を一つにし、一糸乱れない統制のもとに動く時、団体は始め

て大きな力をもつことができます。

更に、団体生活にとって大切なのは、団結の精神であります。戦陣訓は、又、

軍隊は統率の本義に則り、隊長を核心とし、鞏固にして而も和気藹々たる団結を固成すべし。

上下各々其の分を厳守し、常に隊長の意図に従い、誠心を他の腹中に置き、生死利害を超越して、全体の為己を没するの覚悟なかるべからず。

と教えています。団体生活の真義に徹し、上下互にまごころを以って信頼し合うと共に、朋友互に信義を以って交わる時、団結はいよいよ強められるのであります。

家にあっては、おのずからなごやかな親愛と信頼の情が溢れます。学校生活では、朋友は道にいそしむ同胞であります。志を同じくし、勉学・修練を共にして、親切を以っていたわり合う友情が固められなければなりません。教育に関する勅語に、「朋友相信じ」と仰せられてあります。朋友は互に信義を守ると共に、又、一人々々が友の信頼を受けるにふさわしい良友となるように、研学・修徳に努めなければなりません。私どもが固く手を取り合って進んでこそ、学校生活の真価も発揮されるのであります。

なお、団体生活で極めて大切なのは、私をかえりみず、その分を尽くすということでありま

す。とかく人は、自利のためには進んで仕事に従事する傾きがありますが、人に認められない仕事を黙々として成し遂げることには、おろそかになりがちであります。しかし、人が見ていようといまいと、なすべきことはこれを成し遂げるのが、真の日本人の心構えであります。

この心構えは、大君に対し奉り、又、祖先に対して、感恩報謝の念に燃える私どもの赤誠から生まれて来るのであります。この赤誠なくして、団体生活を強化することなどは、到底できません。功名を求めて人のために尽くすのは、まだ真の献身ではありません。華々しい戦果のかげには、ひたむきに大君の御為に、喜んで、人目に立たない任務を遂行している多数の勇士たちがあることを、思わなければなりません。

わが国民は、今、全力を挙げて職務に精励し、国土防衛・戦力増強・食糧増産に邁進しています。国家の力をいやが上にも強めるためには、一億の民が皇国の大義に徹して、挙国一致の団結を固めなければなりません。しかも、国民が互に信義を守り、互に譲り合って力を合わせ、敬愛の誠を尽くすことが、何よりも大切であります。

明治天皇の御製に、

小山田（おやまだ）の畔（あぜ）のほそ道細けれどゆづりあひてぞしづは通へる

と仰せられてある御訓えのほどを、私どもは固く心にしめて、国民の団結をいよいよ強くすることに努めなければなりません。

国民の生活は、緊張の極に達しています。この時に当って、私ども女子青年が、学校生活の余暇になすべきことは、極めて多いのです。私どもは、友と心を一つにして、益々学校生活をりっぱなものにするのはもちろんのこと、世の人々に対しても、親切の心を失わないようにすべきであります。

私どもが近隣のため進んで働くならば、どんなにか人々に喜ばれることでしょう。又、通学の乗物の中でも、皇国女子の美点を損わぬように礼儀正しくふるまい、他人に不快の感を与えるようなことは厳に慎み、か弱い老人・子供に親切を尽くすことは、自分としても心から嬉しいことであります。このような、うるわしく元気のよい女子生徒の姿は、見る者の心を明かるくし、緊張した戦時生活の中にも、心豊かな温かさが溢れて、日々新しい力が盛り上るのであります。

十一　恩をおもう

松尾芭蕉翁が門人（もんじん）の行脚（あんぎゃ）に対して、その心得を諭したものといわれている「行脚掟」の中に、「一字（いちじ）の師恩たりともわするることなかれ」という一句があります。私どもは、どんな些細な事がらに就いても、親の恩、師の恩を忘れることがあってはなりません。しかも、特に心すべきは、それらが皆君国あってのことであるという点であります。君国のもとに家々も栄えるのであり、又、君国あってよい教育も十分行なわれます。

国をおもふまごころ　君をおもふまごころ　あしはらの　みづほのくにに
うまるる人は　ことさへぐ　外国人（とつくにびと）に　まさりてありけり　すぐれてありけり

と、国学者大国隆正は歌いました。

世界を見渡せば、何とみじめな民族が多いことでしょう。国を失って、世界をさまよい歩いている民族もあります。かつては、その強大を誇った民族も、今や昔日（せきじつ）の面影だになくなったものがあります。又、国力が弱く、強国にしいたげられて、発展することのできない国々も少くありません。

私どもは皇国に生まれて、世界に比類なき万世一系の天皇を仰ぎ奉り、ありがたい御恵みによって、健かに学窓のいそしみを続けています。この皇恩のもとに、国土の恩、親の恩、師の恩を始め、兄弟姉妹の恩、朋友の恩、世人の恩に至るまで、有縁・無縁を問わず、恩という恩は極めて多いものであります。私どもはこのように、直接或は間接に、限りなくさまざまの恩を受けるのであります。自分は少しも人の世話にならないと思っている人もありますが、それは恩知らずであります。よく考えてみれば、意外に多く、人々から広く恩恵を受けていることに気が附くのであって、感謝なくてはいられません。私どもは、人の情を受けないでは、生存を完うすることのできないものだからであります。

私どもが身に受ける恩に就いて、これを知れば知るほど、又、世に満ち渡る恩恵の数々を思えば思うほど、感謝の心が湧き出て、喜びの生活が開けて来るのであります。

このような恩に対する感激と自覚とは、やがてこれに報いなければ止まない一念を起させ、更に進んでは、生命をなげうっても悔(く)いないほど、報恩の熱意を喚起するようになります。貝原益軒先生は、

凡そ、人は恩を知るべし。恩を知るを以って人とす。恩を知らざれば鳥獣に同じ。君に忠に、親に孝なるも、君父の恩を報ずる道なり。この故に、恩を知れる人は、必ず親に孝あり、君

に忠あり。恩を知らざる人は忠孝なし。忠孝なければ、人たるの道を失う。

と言っていられます。

恩に感謝するという心持が強ければ、必ずこれに報いようとする心が湧いて来るはずです。恩を自覚することが深く、報恩の念の強い人こそ、誰よりも尊ばれ、仁人（じんじん）とか徳のある人とかいわれるのです。

又、日常の生活に於いて、常に不平を言い、不足をかこつ者は、どんなに恵まれた境遇の人であっても、結局、不満の生活を送らざるを得なくなります。これに反して、己を持すること恭謙で、常に感謝の心を以って自分の周囲を見る人は、君の恩、親の恩、師の恩はいうまでもなく、目に見えぬ多くの人の好意が、自分に注がれていることを深く認めるでしょう。

まことに、つつましい心にかえりみれば、たとえ、直接好意を受けることはない場合でも、いろいろの点で、人のお蔭をこうむっていることに気附くものであります。例えば、私どもが食事をする時には、「いただきます」という感謝の言葉と共に箸を取るべきはもちろんのことですが、しかも、その米麦や野菜が、農家の労苦の賜（たま）ものであることに想い到れば、一層感謝の念を深くしないではいられません。又、電車や自動車などに乗っても、相互に「ありがとう」という感謝の心持で場所を譲り合うようであったならば、どんなにかなごやかな世の中となるでしょう。これに反して、唯人々の不足を責めることのみを知って、自分の受ける好意と便益に対して感謝することを閑却したら、全くうるおいのない、沙漠のような世の中になってしまうのであります。

私どもは、「ありがとう」という感謝の言葉を忘れてはなりません。又、自分の力でできる限り、報恩の道に尽くすように努めることが大切です。恩人に対して尽くすことはいうまでもなく、世の中の人総べてに対して、是非ともこれに報いるよう心掛けなければなりません。健かな国民生活は、まことにこのようなところから始るのであります。

明治天皇の御製に、

　　学びえて道のはかせとなる人もをしへのおやの恵わするな

と仰せられてあります。又、民草の進むべき道に就いて、

　　おのが身はかへりみずして人のため尽すぞひとの務なりける

と御諭しになっていられます。今、ここで、私どもは恩ということをわきまえるに当って、御

訓えのほどを深く奉体し、日常生活に表す覚悟を固めなければならないのであります。

十二　皇国の女子

昔は戦争が起っても、女子はあまり関係があるとは思われていませんでした。もちろん、時代によっては、女子も武器を取って戦争に加り、又、郷土を護るために戦ったこともあります。けれども、それらは、今日のように、全国民がこぞって国土を防衛するといったものではなかったのです。

日清・日露の両戦役にしても、皆国外で戦争が行なわれ、寸土もわが領土を侵されたことはありません。わが父、わが兄が召し出されて征戦に赴くことはあっても、当時の戦争は範囲も広くなかったし、又、国民の生活に、今日ほど深刻な影響を与えませんでした。戦争といえば、軍人である男子が、武器を取って戦うものとしか考えられなかったからであります。

しかし、戦えば必ず勝ち、到る所で敵を撃破して、皇威を世界に輝かしてまいりました。これは、ひとえに御稜威の然らしめるところであり、わが皇国のみが担う栄誉であります。もとより、忠誠勇武な皇軍将兵が一死報国の至誠に燃え、更に銃後を守る国民の熱誠が溢れていたことはいうまでもありません。

昭和十二年七月七日、わが国は新しい世界を築くため、力強い第一歩を踏み出しました。米英の援助を頼んで、無道なふるまいをし続けた当時の支那政権に対する膺懲（ようちょう）の軍（いくさ）が、大陸に開始されました。その後四年有半、更にわが国は米英の目に余る仕業を見逃すことができず、大東亜戦争は開始されるに至りました。

昭和十六年十二月八日、宣戦の大詔を渙発あらせられると同時に、皇軍は、陸に、海に、空に、勇猛果敢な戦をくりひろげて、目ざましい大戦果を挙げ、国内もまた、全国民一人残らず尽忠報国の誠を捧げて、銃後の守りを固めました。

今日の戦争は、将兵だけの戦ではなく、全国民の戦、即ち総力戦であります。これは、科学や技術の驚くべき進歩・発達と共に、現代戦が消耗戦であり、経済戦であり、思想戦であるという特徴をもっているからであります。

科学の進歩は、航空機や潜水艦のような有力な兵器を発達させただけでなく、これまで想像することもできなかったいろいろな兵器を作り上げました。しかし、どのように科学が進歩したにしても、やはりその根本として、銃後の生産力と国民精神の統一とに欠けるところがあれば、私どもがこの尊い国土をりっぱに護り通すことはできないのであります。

それ故、現代戦では、全国民がみんな戦うのですから、私ども女子の力も、最大限度に発揮されなければなりません。戦争と女子の関係は、極めて深いものがあることが考えられます。女子は、わが父、わが兄、わが夫を戦争に送るばかりでなく、その戦う弾丸や兵器を生産し、又、食糧や衣服の準備をし、更に敵機の来襲に備えて、わが家、わが郷土、わが国土を護らなければならないのです。

敵国の間諜（かんちょう）や銃後の思想混乱に対しても、皇国の女子は必死になってこれを護りぬき、りっぱにその任務を果すことが大切であります。一切を忘れて献身奉公する男子のかげにありながら、よく家を斉えて、忍従の力、貞淑の美徳を発揮して、国に報じなければなりません。女子は実にかげに隠れたりっぱな戦士であり、そうした女子の戦こそ、寧ろ最後の勝敗を定めるものと言っても、決して言い過ぎではないのであります。

大東亜戦争は、新しい道義の世界を築き上げる戦です。大東亜の建設を妨げようとする米英その他の敵国を撃破して、結局世界永遠の平和に寄与するものであります。けれども、敵米英は、決してあなどることのできない生産力をもっています。戦線は非常に大きく広がっています。国民に対する国家の期待は、益々大きいものになって行きます。私どもは、あらん限りの努力と忍耐と才智を集めて、是非ともこの戦争の目的を完遂しなければなりません。随って、一切の力を尽くして戦争に勝ちぬく覚悟を定め、しっかりした気持で、御奉公の実を挙げることが大切であります。そのためには、先ず足もとから固めて、日々の生活を深くかえりみなければなりません。それでこそ、大東亜建設の力強い一歩々々があるのであります。

例えば、今、日本では家の生活を単位として、隣り組が全国に亘って作られています。隣り組こそ、国を護るための大事な自衛組織であり、又、配給その他に於いて、りっぱに国民生活を成し遂げる土台となるものです。私どもは、銃後の守りを固くするため、日々の生活にこの隣り組を有効に生かし、隣保共助の実を挙げ得るよう工夫を加え、新しい生活への道を踏み出さなければなりません。

しかも、特に心掛けなければならないことは、皇国女子の任務が、尊い母としての生活から始るということであります。そのためには、今から自分自身をしっかりとねり上げておかなければなりません。特に現在のような時局では、出征した男子に代って、どんな方面の働きでも、女子でやってのけるというだけの自信とその底力とを養うことが大切であります。

戦争があろうとなかろうと、皇国の女子は、平生これだけの心構えがなくてはなりません。このような重い任務を背負うものであることをよくわきまえて、私どもは日々の生活を、ゆめおろそかに過してはならないのです。新しい世界の成長に備える女子としての輝かしい道は、ここから始り、ここからくりひろげられて行くのであります。

中等修身　二　女子用

一　皇国の道

明治天皇の御製に、

　橿原のとほつみおやの宮柱たてそめしより国はうごかず

と仰せられ、又、

　神代よりうけし宝をまもりにて治め来にけり日のもとつ国

との御言葉を拝します。

皇祖天照大神は、わが日本の国をしろし召さしめ給う大御心から、皇孫瓊瓊杵尊（ににぎのみこと）を降し給うて、

豊葦原の千五百秋（ちいほあき）の瑞穂の国は、是れ吾（あ）が子孫（うみのこ）の王（きみ）たるべき地（くに）なり。宜しく爾皇孫（いましすめみま）就きて治（しら）せ。行矣（さきくませ）。宝祚（あまつひつぎ）の隆（さか）えまさんこと、当（まさ）に天壌（あめつち）と窮（きわま）りなかるべし。

との神勅を賜わりました。この神勅こそ、実にわが肇国の根本精神を明らかに示し給うたものであって、皇孫降臨以来、大神の御子孫が相継いで皇位を継がせ給い、わが皇国を統治し給うのであります。君臣の分厳として定まり、皇位の天地と共に窮りなく、万世一系の天皇を戴き奉ることは、この神勅に昭々（しょうしょう）として明らかであります。

皇孫瓊瓊杵尊が神勅を奉じ、諸神を従えてこの国に天降（あも）りました折、大神は三種の神器を尊にお授けになり、特に神鏡に就いて、

此れの鏡は、専（もは）ら我が御魂として、吾が前（みまえ）を拝（いつ）くが如（ごと）、いつきまつれ。

と仰せられました。爾来（じらい）、歴代天皇は践祚と共に、皇位の御しるしたる神器を承け継ぎ給うのであります。

瓊瓊杵尊・彦火火出見尊（ひこほほでみのみこと）・鸕鷀草葺不合尊（うがやふきあえずのみこと）御三代の間は、日向におわしまして、深く御心を統治にお注ぎになりました。かくて、神武天皇の御代になると、天皇は遠隔の地方が、まだ皇化に霑（うるお）わないのを概（なげ）き給い、長く西偏に留まっていては、天業を恢弘（かいこう）することができないと思し召して、舟師を率いて東方に向かわせ給い、遂に大和地方を平定し、都を橿原に奠（さだ）めて、こ

こに即位の大礼を挙げさせられました。

都を奠め給う時、天皇は詔を下し給うて、

当に山林を披払い宮室を経営りて、恭みて宝位に臨み、以て元元を鎮むべし。上は則ち乾霊の国を授けたまう徳に答え、下は則ち皇孫の正を養いたまいし心を弘めん。然して後に、六合を兼ねて以て都を開き、八紘を掩いて宇と為んこと、亦可からずや。

と仰せられました。更に、御即位の四年には、

我が皇祖の霊や、天より降鑑りて、朕が躬を光助けたまえり。今諸の虜已に平ぎ、海内無事なり。以て天神を郊祀りて用て大孝を申べたまう可し。

と宣わせられ、霊畤を鳥見の山中にたてて、皇祖天神を祀り給うたのであります。歴代天皇もまた、ひとしく皇祖の神勅を奉体して、神を敬い、身を正しくし、道を行ない、民を愛し、教えを垂れ給うて、以って範を万世にお遺しになりました。

崇神天皇の詔に、

我が皇祖諸天皇等（たち）の御位に登らせ給うは、豈（あに）一身の御為ならんや。蓋し（けだし）神祇（じんぎ）を祭り人民を治めて、天下を経綸（けいりん）し給う所以なり。今、朕皇位を継承して人民を愛育す、如何にしてか皇祖の跡に遵（したが）いて、永く無窮の祚（さいわい）を保たん。

と仰せられた御言葉の中に、私どもは聖徳の御一端を拝することができます。実にわが肇国の規模は宏遠であり、天つ日嗣（ひつぎ）は神位にましますのであって、そこに皇国隆昌の基があり、世界に比類のない国史を展開しつつ、生々発展の一路をたどっているのであります。

しかも、尊いこの国体のもと、皇国の民は現御神ののべひろめ給う大御業（おおみわざ）をお輔け申し上げ、皇室の窮りない御栄えのために一身を捧げまつることを、その本分としています。特に君臣の分を守り、分に従って尽忠報国の赤誠を現して来たところに、わが国の美風があるのであります。神皇正統記に、

凡そ王土にはらまれて、忠をいたし命を捨つるは人臣の道なり。必ずこれを身の高名と思うべきにあらず。

と見えています。和気清麻呂・楠木正成・北畠親房諸公の忠誠義烈が、千古の亀鑑として輝き、後世をして奮起せしめるゆえんもまた、ここにあります。私どもはこのような美風を承け継いで、愈々これを発揮することに努めなければなりません。

　ここで、特に心しなければならないのは、聖旨の奉体ということに就いてであります。教育に関する勅語は、国体の尊厳と国民道徳の大本とを示し給うものであって、この勅語を拝誦すればするほど、聖旨の深遠なのに感激するほかはありません。しかも、勅語にお示しになった皇国の道を実践することは、ただに天皇に対し奉って忠良な臣民であるというだけでなく、私ども自身の祖先の遺風を顕すゆえんであると、教え給うてあるのであります。更に、最もありがたく拝せられるのは、朕も爾臣民と共に、この皇国の道を履み行なって行こうとの、厚い大御心であります。

　大正天皇の即位礼当日紫宸殿の儀に於いて賜わりたる勅語に、

　　義は則ち君臣にして、情は猶お父子のごとく

と仰せられてあります。わが道義国家の真面目は、いずれの詔の中にも拝され、まことに感激の極みであります。

大正天皇の御製に、

としどしにわが日の本のさかゆくもいそしむ民のあればなりけり

と詠ませ給うた大御心を畏み仰ぐにつけても、私どもは一層の奮起を必要と致します。

紀元二千六百年紀元節の詔書には、

朕惟（おも）うに神武天皇、惟神（いしん）の大道（たいどう）に遵い、一系無窮の宝祚を継ぎ、万世不易の丕基（ひき）を定め、以て天業を経綸したまえり。歴朝相承け上（かみ）、仁愛の化（か）を以て下（しも）に及ぼし、下、忠厚の俗を以て上に奉じ、君民一体以て朕が世に逮（およ）び、茲（ここ）に紀元二千六百年を迎う。今や非常の世局に際し、斯（こ）の紀元の佳節に当る。爾臣民宜しく思（おもい）を神武天皇の創業に騁（は）せ、皇図の宏遠にして皇謨（こうぼ）の雄深なるを念（おも）い、和衷戮力（わちゅうりくりょく）益々国体の精華（せいか）を発揮し、以て時艱（じかん）の克服を致し、以て国威の昂揚（こうよう）に勗（つと）め、祖宗の神霊に対（こた）えんことを期すべし。

と宣わせられてあります。

今や大東亜戦争により、ビルマ・フィリピンの独立をみて、万邦共栄の実が着々とあがって来ています。米英の長きに亘る世界制覇の野望も、皇軍の征くところ一として破砕せられないものはなく、世界新秩序の建設は、期して俟つべきものがあります。私どもは今、まのあたりわが国固有の神武が発揚され、道義が遂行されて行く生々発展の姿に触れて、深い感動を覚えずにはいられません。

　明治天皇が、

　　夫れ神州武を以て治むるや固より久し

と仰せられてある詔に遵い、私どもは敬神崇祖、修文練武の道に励んで、このうるわしい伝統を益々発揚することに心掛けましょう。

二　知と徳

学びの道にいそしむのは、すぐれた皇国女子となって、御国に尽くすためであります。教育に関する勅語に、

　学を修め、業を習い、以て智能を啓発し、徳器を成就し

と仰せられてあります。知徳を磨き、皇運扶翼の一途を進むべきことに就いて、十分わきまえていなければなりません。国民精神作興に関する詔書には、又、

　宜(よろし)く教育の淵源(えんげん)を崇(たっと)びて智徳の並進を努め

という御言葉を拝します。私どもにとって何より大切なのは、臣道実践の誠を捧げて、ひたすら皇国の隆昌を冀う心構えを固くすることであります。私どもはいろいろの知識・技能を習得し、常に身の行ないを省(かえり)みて、婦徳の涵養(かんよう)に努めなければなりません。

しかし、学問・技術を学んでも、唯徒(いたず)らに物知りに終り、或は手先の技にとどまるならば、

それはほんとうに学問・技術を学ぶ者の態度とはいわれません。一点の曇りもない誠をこめて学問に励み、常に国を護り家を思う清く明かるい心に培うことが、最も肝要であります。即ち、

かたちこそ手弱女(たおやめ)ならめますらをにかはりて国の事思はなむ　真木和泉(まきいずみ)

という覚悟をしっかりと胸に秘めていてこそ、私どもの学ぶ学問は、ほんとうに生きた学問となるのであります。昔からわが国では、技芸を習うにも、その技を通して道を体得することを、稽古と考えて来ました。茶道でも、華道でも、技を通して、人として生くべき道に達することが、その理想であります。又、職人気質(かたぎ)というものがあって、一技一能に秀でた職をもつ人は、それに魂を打ち込んで精進(しょうじん)したものであり、学問・教育はたとえ低くとも、その心構えはまことに尊いものであります。このような気質は、必ずその作品の上にも現れ、今日国宝として保存されているものなどには、こういう優れた職人の作になったものが少くありません。

　私どもは深く自ら省み、学問が、唯知識を積み、博学を誇るということだけに終ることなく、真に皇国の道を体得し、わが国運の隆昌を祈って、日夜いそしまなければなりません。

　学問に励むためには、先ず好学の熱情が大事であります。学問はこれを好む心がなければ、形だけ学んでみても、学問の心に生きることはできません。

かつて、女子には学問はいらないといわれた時代もありました。しかし、それは大きな間違いであります。皇国女子は、今や国家活動の全般に亘って、広く深い知識・技能をもち、或は家政を斉え、或は教鞭を執り、或は職場に働いて、後顧（こうこ）の憂いをなからしめるよう努めなければなりません。このようにして、戦力の増強に力を尽くす心掛が極めて大切であります。

しかし、この場合、どのように知識・技能が進んだにしても、身を修める徳に欠けるところがあれば、それは国家にとって、ほんとうに役立つものとなることができないばかりでなく、又、わが身のためにも、この上ない不幸であります。特に女子は、学識に伴なうたしなみのゆかしさをもつことが大切です。自分の学識を誇る女子ほど、みにくいものはありません。実のるほど垂れる稲の穂のように、学識を深く内に秘めて、つつましくふるまう女子の姿からは、おのずから人がらの美しさが輝いて来ます。私どもは知識・技能を向上させると共に、常に修徳の努力を怠ってはなりません。

水戸の藩士で、皇国の道を明らかにして一世を導いた藤田東湖（とうこ）先生には、かの子という妹がありました。かの子は、父幽谷（ゆうこく）や兄東湖の教えを受けて、勤皇の志も篤く、又、学問にも深く励んだりっぱな女子でしたが、かつて藩の子女を集めて書を教えたことがあります。或る日、かの子は何を思ったか、居間の障子に穴をあけて、教え子の集る座敷が見えるようにしました。それに気附いた教え子たちは、先生が自分たちを居間から監視するのだと考えて、不平を鳴らし始めました。そうして、中には、障子の蔭からのぞかれるよりも、障子を開け放しておいていただいた方がよいなどと言う者も出て来ました。

この話を耳にしたかの子は、静かに弟子たちを諭して、次のように言いました。

「皆さんは、私があなた方のお行儀をのぞくために、障子の紙を切り取ったと思っておいでのようですが、それは違います。障子の紙を切ったのは、私自身のためです。とかく人というものは、一人になると心がゆるんで慎みがなくなるもの、殊(こと)に私のような未熟な者には、そうなりがちです。それで、私は自分の居間に一人で居ても、皆さんの前に居る時と同じような気持でいることができるようにと、障子の紙を切ったのでした」

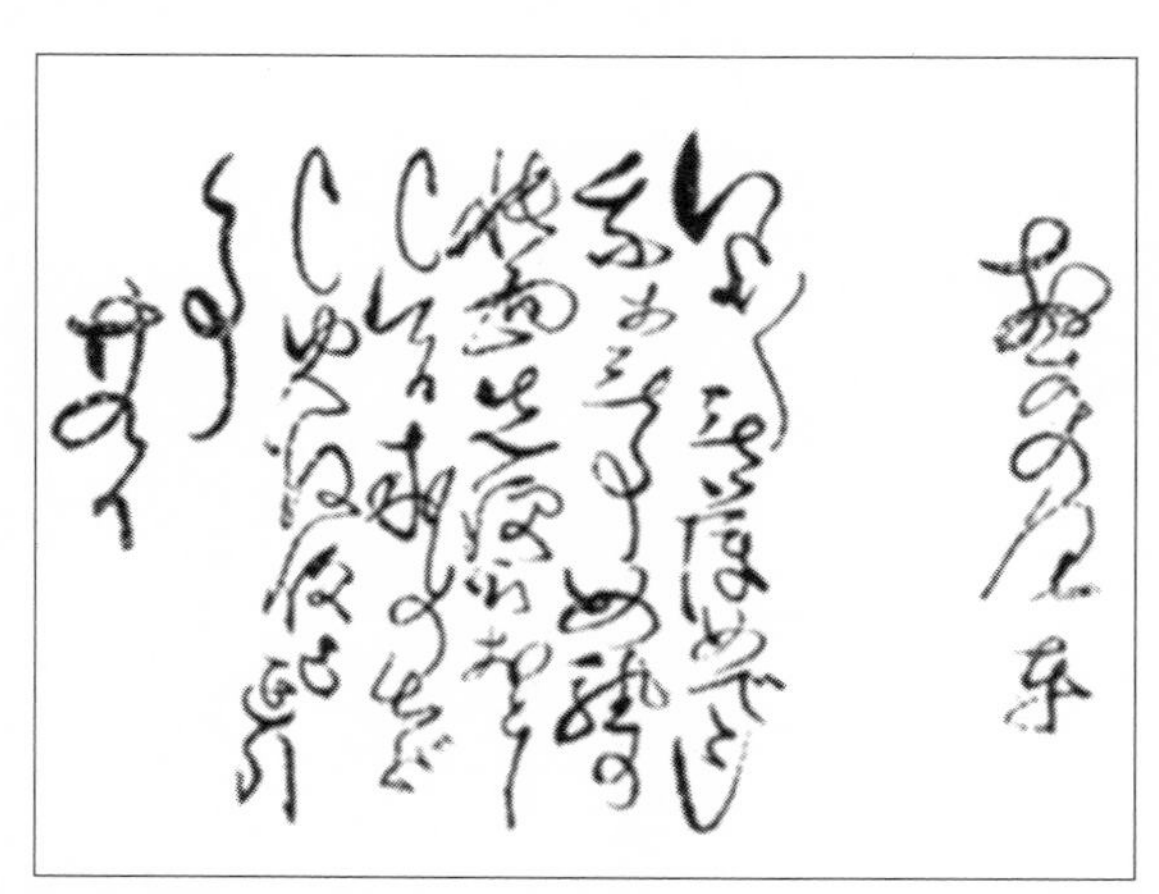

妹嘉能子宛（嘉永六年七月二十九日）藤田東湖の書翰

おかの殿　　東
いよいよ無御障めでたし我等無事女塾の帳面先取おとし申候今日封もの出
不申候ゆへ後便迄延引候事
廿九日

この思い掛けない言葉を聞いた教え子たちは、かの子の真剣な修徳の心掛に打たれずにはいられませんでした。

古来、「文武岐(わか)れず」ということがいわれています。この文武不岐(ふき)の精神こそ、私どもにとって大切であります。学問を学ぶに当っても、徒らに文弱に流れるようなことがあってはなりません。私ども女子は、どこまでも女らしいみやびの心を養うよう努めることが大切ですが、同時に、烈女といわれるようなおおしい気性を内にたたえて、君国のために欣然(きんぜん)身を挺する覚悟を固めなければなりません。今直面しているような国家の大事に当っては、女子の忍耐力、不(ふ)撓(とう)不屈の精神の有無は、国家の力を左右します。私どもは聖戦の意義を深くわきまえて、決戦下の皇国女子としての覚悟を、愈々深くしなければなりません。

昭憲皇太后御歌

みがかずば玉も鏡も何かせむまなびの道もかくこそありけれ

三　工夫の生活

国力の充実を期するためには、常に国民生活が堅実でなければなりません。それには、国民の一人々々が、常に国家のことを深く思い、各自の生活を正しい筋道に従って、鞏固に築き上げて行くことが大切であります。国家の進もうとする方向に従って、自分の生活を整え、しかも、これを一層明かるいものにするのは、国民としての務めであります。

国民精神作興に関する詔書に、

入りては恭倹勤敏、業に服し産を治め、出でては一己の利害に偏せずして、力を公益世務に竭し

と仰せられてあります。私どもは聖旨のほどを畏み仰いで、勤労に励み、各自の生活を質実剛健なものとするよう努めると共に、広く心を国民生活の上に配って、少しでも世のため人のためになるようにと、考えなければなりません。

私どもがむだづかいを止めて、なるべく多くの国債を求め、貯蓄をしようと努めるのも、それによって国の財政を強化し、戦力増強に資すると共に、物資の浪費や通貨の膨脹を抑えて、

皇国の経済を益々健全にして行くためであります。世の中の事は、いろいろ複雑に結び合い、繋がり合っています。私どもの行ないの一つ一つは小さくとも、それが積り積る時は、広く国家全体の生活に影響を及すことを、わきまえていなければなりません。しかも、正しい生活を営むためには、自分本位の考え方を捨てて、総べて広く温かい心で、物事を判断するよう努めることが大切であります。一家の生活を堅実明朗にして行くのも、国民生活を一層健全なものにするためであります。

こうして国力の充実を期するためには、更に私どもの習得した知識・技能を十分に発揮しなければなりません。いわゆる生活の科学化は、即ちこの事と深い関係をもつものであります。古来、皇国女子は、さまざまのうるわしい徳をもつものとして褒め讃えられて来ました。それらの美徳に加えるに、私どもは、今、物事を正しく考察処理し、生活を一層意義深いものにするという精神を、深く養うことが大切であります。

現在、私どもの生活を省みると、注意しなければならないことがたくさんあります。電力や燃料を一層節約し、乏しい中にも栄養に留意し、保健・衛生に気を配り、衣服の更生や修理に努め、又、代用繊維製品の正しい取扱いをするなどは、皆その例であります。

こうした事がらが、そのまま戦力の増強に資するということをよくわきまえて、国民としての自覚に徹することが肝要です。平素むだを省いて物資を有効に生かすことは、寧ろ国民としての当然の務めであるばかりでなく、一家の経済という点からも、ゆるがせにしてはならないところであります。私どもは、学校で学んだ知識・技能を日常生活の中に生かし、各自工夫を加えて、生活を一層豊富明朗なものにすると共に、創造を勗める心構えを愈々深めなければなりません。

実際生活で、種々の障碍（しょうがい）を取り除き、不便に打ち克つためには、とらわれない素直な心で物事の正体を見極め、その中に筋道を見出し、正しく処理することが大切であります。いわゆる科学の芽生えというようなものも、こうしたところにあるのです。

科学は物事に対する注意深い観察と、一層よいものを求めようとする進取の気性と、生き生きとした創意工夫によって育てられます。しかも科学の理論は、実生活の上に生かされるのが常道でありますから、私どもはその常道に則って、実際に見、実際に行ない、実際に従って進めて行くよう努めなければなりません。そうして、既習の知識に就いても、それを唯並べ立て、徒らに振り廻すというのではなく、実際に即して、生き生きと働かせるよう工夫すべきです。戦時下、何につけても、この工夫ということが大切であります。

なお、工夫を加えて国民生活の向上を図るためには、率先して自分がその範を示すということがなければなりませんが、それと共に、大ぜいで力を合わせ、衆智を集めることも、忘れてはなりません。一家こぞって考案工夫し、更に、近隣相互に協力一致して事に当るならば、私どもの生活は日に日に明かるく、希望に満ちたものになって来ます。公益・世務に尽くし、国運の隆昌に寄与しようとする第一歩も、実はこうしたところにあるわけであります。これらの点をよくわきまえて、工夫の生活を続けるように致しましょう。

四　健康の増進

皇国は今国を挙げて戦っています。道義に基づくわが肇国精神の顕現という大使命を遂行するためには、前途幾多の困難を克服しなければなりません。戦局重大の折から、私ども学徒が協心戮力することのできる第一歩は、自分こそ国家の求める忠良な臣民の一人であるという自覚に立って、自分自身を錬磨することであります。大正十一年十月三十日、学制頒布五十年記念式典に於いて賜わった勅語の中に、

惟うに教育は心身兼ね養い知徳並び進むを尚(たっと)ぶ。

と仰せられてあります。皇国に生をうけた私どもは、辱(かたじけな)くも天皇陛下の赤子と呼ばれ、御民(みたみ)と称せられるにつけても、愈々心身の鍛錬に努めなければなりません。

皇国の使命遂行に身を挺して、益々国威を発揚すると共に、大国民としての実を挙げるためには、どんな困難にも堪えることのできる、強健な国民の一人となることが大切です。不注意のために病気にかかったり、虚弱な人と嘲られるようなことがあっては、父母の志にそむくばかりでなく、ひいては国家の力を弱めることになります。伴信友(ばんのぶとも)先生の歌に、

事しあらば君が御楯となりぬべき身をいたづらにくたしはてめや

とあります。

先生は、博覧強記の人でありました。しかも、その驚くほどの業績は、常に精神を引き締め、身体の鍛錬に心掛けて、老年に至るまで健康の増進に努め、刻苦勉励された結果であります。或は朝夕強弓を引いて射を試み、或は刀を取って突きの動作をすること数百回、寒暑をいとわず、これを一日も休まなかったことなど、先生が鍛錬にいそしまれた逸話は、今に多く伝えられています。

私どもは精神を錬磨すると共に、又、身体にも留意し、これを鍛えて健康の増進に努めなければなりません。自分の身体だから、自分の勝手にしてもよいと考えることの誤りであるのは、いうまでもありません。「身体髪膚之を父母に受く、敢えて毀傷せざるは孝の始め也」とは、「孝経」開巻第一に見える有名な言葉であります。古人は又、「一身はただ父母の遺体たるのみにあらず、是れ乃ち無上道を載するの器なり」とも言っています。身体の大切なゆえんは、まことに明らかではありませんか。

よく身体を大事にせよと言います。しかし、大事にするとは、決して安逸をむさぼることではありません。どんな苦しみにも堪えるように身体を鍛錬するのが、ほんとうに身体を大事にするゆえんです。私どもは、学校で師の導きによって鍛錬にいそしむだけでなく、常に姿勢を正しくし、皮膚の摩擦や薄着の習慣をつけるようにすることが大切です。今、第一線では、皇軍将兵が不慣れの土地にあって、言語に絶する艱難(かんなん)を克服して、敵と戦っています。私どもも、将兵の辛苦をしのんで、益々身体の鍛錬に励まなければなりません。

規律正しい生活をすれば、自然に体の調子が整って、健康は増進します。不規律は生活を乱し、精神を弛緩させ、その隙に乗じて病魔も襲うのです。太陽の光熱は、万物を育成する大きな力をもっていますから、適度の日光浴は皮膚を強くし、身体を強壮にします。又、居室や夜具に日光を十分に当てれば、気持が爽かであるばかりでなく、病菌も死滅します。戸外の新鮮な空気もまた、私どもにとって大切なものですから、居室はなるべく窓を開いて換気をよくし、暇があったら戸外へ出て、爽かな外気を吸うようにしましょう。薄暗いじめじめした所にばかり居ると、心も体も不健全になって、正しい生活が送れなくなります。

戦争が激しくなるにつけ、節制は寧ろ平素以上に大切です。与えられた食物は、諸恩に感謝すると共に、よく嚙み味わうべきです。そうすれば、たとえ少量でも、総べてが自分の身体の血や肉となり、その恩恵を悉く受けることができます。食物の好き嫌いは、我儘(わがまま)から起るものです。常に感恩報謝の心を失わず、何でも進んでたべるようにすれば、自然に好悪はなくなります。国民は今、戦力増強に日夜必死の努力を続けています。戦に勝つためには、身体の無理も気魄を以って克服し、一路増産に邁進しなければなりません。そのためにこそ鍛錬も必要であり、又、規則正しい休養と適度の睡眠によって、速(すみや)かに疲労を恢復(かいふく)する工夫に努めることが大切であります。

昔の武士は、身体の鍛錬と精神の修養を一体のものとして、錬磨に励みました。心身は本来一如です。強壮な身体は不屈な精神を発揮せしめ、正しい明かるい精神をもち続けてこそ、身体も愈々健康になります。貝原益軒先生は、「養生訓」の中でこう言われました。

> 心は楽しむべし、苦しむべからず。身は労すべし、やすめ過(すご)すべからず。凡そ、わが身を愛し過すべからず。美味を過食し、身を安逸にして、怠り臥(ふ)す事を好む、皆これわが身を愛し過す故に、かえってわが身の害となる。又、無病の人補薬を妄(みだ)りに多くのんで病となるも、身を愛し過すなり。子を愛し過して、子のわざわいとなるが如し。

私どもは、この言葉を深く味わわなければなりません。

自他共に省みて、保健・衛生に深く留意することは、固より大切ですが、その場合、徒らに医薬を用いて、それだけを頼みにするのは、科学的であるようにみえますが、却(かえ)って科学にとらわれているのです。医者に投薬されたものは用いなければなりません。けれども、身体を恢復させ、健全にする力は、自己自身の中に備っているのです。この根本をよくわきまえ、自分の身体の機能がよく働くようにして、その上に保健・衛生の知識を活用することが大切です。又、事ある時に備えて、繃帯(ほうたい)法・運搬法、簡単な止血法及び消毒法など、応急の処置をなし得るくらいのことは、女子として平素から十分心得ていなければなりません。

保健・衛生に就いても、国民の一人々々が責任を感じて、皇国日本を正しく強いものにするという覚悟で臨むべきであります。特に女子は、将来母となって、次代の日本人を育て上げるという大きな役目をもっています。国家が、結核予防法や国民体力法を定めているのも、結局、私どもを護ろうとするためであり、又、国民保健に留意して、いろいろな公共施設を設け、健民運動を指導しているのも、このためです。私どもは、こうした国家の意のあるところをわきまえて、進んでこれに協力する心掛がなければなりません。国運の隆昌を念じて、献身奉公するということも、実はこの健康の増進に努めるという、手近なところから始るのであります。

五　まこと

明治三十四年の春三月、靖国神社境内の桜がほころびるのも、もう間もないという頃、九段坂上の東京偕行社で、そこに集った百六十余名の婦人を前にして、

「軍人の遺族を救いましょう」

と叫ぶ、切下げ髪の婦人がありました。名を奥村五百子といって、佐賀県唐津の人、愛国婦人会設立の首唱者であります。

五百子刀自は北清事変に際して、大陸にわが将兵を慰問し、艱難をものともせず、御国のために戦う将兵の辛苦をしのび、戦没将兵の霊を慰めるために、遺族の援護に一身を捧げようと決意したのであります。

「私は婦人の方に義捐していただき、それを積み立てて、遺族を慰める資としたいのであります。遺族をねんごろに慰めてあげれば、戦死された英霊も満足してくださることと思います。私は命のある限り、息の続く限りは、何年でもこれを唱えて、この会を大きくし、遺族の援護に尽くしたいと決心しております。どうか、一年に半襟一掛けを節約して、是非ともこの会におはいりくださるようお願い致します」

この熱誠こめた刀自の言葉に、満堂の婦人たちは、感動の涙を抑えることができませんでし

た。

やがてささやかな建物を借り受けて、五百子刀自は愛国婦人会創立の事務所を設けましたが、それは狭い質素な部屋に、古い一脚の机と粗末な椅子が二、三脚あるばかりで、書類入れも石油缶の空箱に過ぎませんでした。そうして、その机も椅子も、刀自が他からもらい受けたものですし、一枚の用紙さえむだにしてはならないという節約ぶりでありました。こうして五百子刀自は、毎日唯一心に、会の発達に力を注いだのでした。

五百子刀自は、君国のために戦場に斃（たお）れた人々の遺族を援護する会の趣旨を、あまねく全国の婦人に訴えて、その賛成を得ようと思い立ちました。老いの身もいとわず、一本の杖にすがり、草鞋（わらじ）をはいて、地方へ遊説（ゆうぜい）に出掛けました。身を焼くような夏の日も、指の切れるような冬の日も、東奔西走して席の温る暇さえありませんでした。

しかし、五百子刀自の叫びも、始めのうちはなかなか人々に理会されませんでした。中にはきちがいではないかと疑ったり、乞食の寄附金集めと罵ったりする者もありましたが、刀自は、このような無理解な嘲笑に少しも屈せず、木綿の被布（ひふ）に袴（はかま）を着け、手には数珠（じゅず）を握って、一筋

明治三十八年、五百子の出征皇軍慰問当時の肖像。

に信ずるところを説き続けました。人々は漸(ようや)く刀自の熱誠に動かされて、この会の趣旨に賛成する者が多くなってまいりました。

やがて日露戦役が起って、愛国婦人会は出征軍人の後援に目ざましい活動をしました。この前後に、会員の数は激増して、明治三十九年の暮には、五十六万人を超えるまでになり、五百子刀自の志は遂に達しました。これより先、明治三十二年、東伏見宮妃殿下は、特に刀自を御殿に召されて、

ますらをもおよばざけり国のため
こゝろつくしゝ君がまことは

という御直筆の色紙を賜わって、そのまごころをお讃えになりました。この光栄に深く感激した刀自は、愈々御国のためにそのまごころを捧げ、畢生(ひっせい)の事業に精魂を打ち込ん

愛国婦人会創立事務所（現在、奥村会館構内に存置）

で来たのでありました。「至誠神に通ず」とは、まことに刀自のような場合をいうのでありましょう。

畏くも明治天皇は、軍人に勅諭を下し賜わり、忠節・礼儀・武勇・信義・質素に就いて五ケ条の聖訓を垂れさせ給い、続いて、

右の五ケ条は軍人たらんもの暫も忽にすべからず。さて之を行わんには、一の誠心こそ大切なれ。抑此五ケ条は、我軍人の精神にして一の誠心は又五ケ条の精神なり。心誠ならざれば、如何なる嘉言も善行も皆うわべの装飾にて、何の用にかは立つべき。心だに誠あれば、何事も成るものぞかし。

と仰せられて、五徳を貫ぬくに、まごころを以ってすべきことをお諭しになっていられます。誠は明かるく浄く直き心であります。一点の曇りもない純粋な心であり、いささかも偽りのない、止むに止まれない真実の心であります。

総べての人と物とをはぐくむ慈しみの心も、濃やかな思いやりの情も、深く誠に根ざしています。和の心も、恭敬の念も、また実に誠に基づくのです。私心を離れた清明心に生きるところ、自他の隔ては消えて、人と人、人と物とが和合します。これが誠の極致であります。

「まこと」は「真言（しんごん）」の意であるといわれるように、誠に生きようとするには、苟（いやしく）も虚言妄語があってはなりません。言葉は心の誠の現れであり、恭敬親和の念を以って、偽らず飾らず、真実を語るものでなければなりません。又、人の見ているといないとによって、行ないに陰日向があるようでは、誠の人とはいえません。人が見ていようといまいと、人に褒められようと褒められまいと、そのようなことには一切頓着なく、なすべきことを力の限り忠実に成し遂げるという信念で、事に当らなければなりません。

昭憲皇太后の御歌に、

人しれず思ふこゝろのよしあしも照し分くらむ天地（あめつち）のかみ

と仰せられてあります。私どもは常に独りを慎み、一言一行もおろそかにせず、唯一筋に正しい道を進んで、

心だにまことの道にかなひなば祈らずとても神や守らん

とある古歌の意を体し、一日又一日、生きがいのある生活にいそしまなければなりません。

六　継信・忠信の母

治承四年の夏、源頼朝は以仁王の令旨を奉じて、平氏追討の義兵を挙げました。弟義経は源家再興の志に燃えて、奥州の豪族藤原秀衡に身を寄せていましたが、この報に接するや、兄を慕って黄瀬川の陣所に馳せ参じました。

この時、秀衡の家来で義経に従った者の中に、佐藤三郎兵衛継信、同じく四郎兵衛忠信という兄弟がありました。父は信夫荘司佐藤元治といい、秀衡の老臣として忠義のほまれ高く、母は亘理十郎清綱の女で、やさしく慈愛深いうちにも、おかしがたいところのある婦人でありました。この父母にしつけられて、兄弟は誠実孝悌の武士に生い立ち、今、義経股肱の士として、打ち連れて、勇躍戦に出で立ったのであります。

一の谷の戦に、継信は数ある勇士のうち、特に義経の愛馬大鹿毛を与えられ、あっぱれ鵯越の逆落しに勇名をとどろかしました。やがて起った屋島の激戦に、平家の猛将能登守教経は、屈強の郎党を率い、弓に矢を番えて、義経目がけて迫りました。

継信は躍り出て主君の前に立ちふさがりましたが、能登守の強弓に射ぬかれ、さしもの剛の者も馬からどっと崩れ落ちました。やにわに能登守の子菊王丸が、太刀を抜いて飛びかかろうとする時、弟忠信の一矢は、あやまたず菊王丸の腹巻を射ぬきました。忠信の郎党が小長刀を振るって、童の首をとろうと襲いかかると、能登守はこれをさえぎって、えいとばかり童を味方の小船に投げ入れました。この間に忠信は、兄継信を肩にして、陣所に引き上げました。

義経は走り寄って継信の手を握り、何か言いおくことはないかと尋ねると、継信は苦しそうな息の下から、

弓矢取る身の習いなり。敵の矢にあたって主君の命に代るは、かねて存ずるところなれば、さらに恨みにあらず。ただ思う事とては、老いたる母をも捨て置き、親しき者どもにも別れて、はるかに奥州より附き奉りし志は、平家を討ち滅して、日本国を奉行し給わんを見奉らんとこそ存ぜしに、先だち奉るばかりこそ心にかかり侍れ。老母が歎きもいたわし。


とたえだえに答えました。義経は骸をねんごろに葬って、その愛馬太夫黒を、回向のために捧げました。

その後、義経は頼朝の不興をこうむり、鎌倉の追手を避けて摂津・大和の間を逃げ隠れ、文治元年の冬、雪深い吉野の奥に身をひそめました。しかし、一山の法師たちは鎌倉の威を恐れて、義経主従に襲いかかって来ました。

この時忠信は、

君は御心安く落ちさせ給い候え。忠信はここに留まり候うて、麓の大衆（だいしゅ）を待ちえて、一方の防矢（ふせぎや）仕（つかまつ）り、ひとまず落しまいらせ候わばや。

と、おおしくも願い出ました。義経は言葉を尽くして制しましたが、志をひるがえすようすも見えません。遂に忠信は、僅か六人の郎党を率いて三百余人の衆徒を引き受けて戦いましたので、全山の法師の恐れおののく間に、義経は間道（かんどう）を縫って落ちのびることができました。後に、忠信も吉野から逃れて主君を追い、京都に上りましたが、敵の軍勢二百騎余りに取り囲まれてしまいました。勇戦して漸く切りぬけた忠信は、主君を慕って六条堀川の旧邸を訪ね、ここでみごとに自刃（じじん）を遂げたのであります。

　このように、継信・忠信の兄弟は、揃って剛勇の士、主君に対してはあくまで義勇、いずれも老母を思って至孝でありました。

　奥州信夫の里では、佐藤一家が、兄弟の武運長（なが）かれと祈りながら、心を合わせて留守を守り、兄弟の妻女は年老いた母によくつかえ、幼い子を育てつつ、夫の凱陣する日を待っていました。やがて、兄弟の戦死が形見と共に伝えられると、妻女たちはしばし夫の戦死に茫然としましたが、しかし、年老いた母の心を推し量れば、まだ若い自分たちの悲しみにおぼれていることは

できません。兄嫁と弟嫁とは、それぞれに夫の甲冑を着し、長刀を脇ばさみ、勇ましく出で立って、

唯今兄弟凱陣せし。

と、その俤をしのばせ、老母の心を慰めました。これを見た世の人々は、二人の婦人の孝心の深いのに感じ入らない者とてはありませんでした。

やがて、義経は山伏姿に装いを変え、弁慶以下僅か十二人を連れて、奥州に下って来ました。兄弟の母は、これを己が館に迎えて厚くもてなし、戦死の折の有様を尋ねます。

継信が屋島にての最期の有様、剛なりとも申し、又、不覚なりとも申す。いずれかまことにて候やらん承りたく候。

と切なる尋ねを受けて、義経は弁慶に一部始終を語らせますと、老母は息せき切って、

その時に弟の忠信は候わざりけるか。

と問いすすめました。それを受けて弁慶が、忠信の即座に兄の仇を討った有様を勇ましく物語れば、

御身代りに立ちまいらする上は、今世後世の面目なり。

と言って、老母は兄弟のりっぱな戦死に安堵の胸をなでおろし、毅然たるもののふの母の心に生きたのでした。

その後、義経は秀衡のもとへたどり着き、自ら筆を取って法華経を写し、ねんごろに兄弟の霊を弔いました。遺った妻子を引き具して館に参向した老母は、

兄弟の者の孝養、まことに身においてありがたき御心ざし、又は死後の名、何事かこれにこえ申すべき。これほどの御心ざしを、この世に長らえて候わば、いかばかりかたじけなく思いまいらせ候わんと、愈々涙つくし難く候。されども今は思いきりまいらせ候。幼き者どもをあいつづき君へまいらせ候わん。いまだ童名にて候。

とおしくも申し出ます。義経は深く老母の志に感じて、継信の子を佐藤三郎義信、忠信の子を佐藤四郎義忠と名づけました。

義経は、義信に盃を与えて、

継信によくも似たるものかな。汝が父、屋島にて義経が命に代りたりしをこそ、源平両家の目の前、諸人目を驚かし、たぐいあらじといいしか。まことにわが朝の事はいうに及ばず、唐土・天竺にも、主君に心ざし深き者多しといえども、かかるためしなしとて、三国一の剛の者といわれしぞかし。今日よりしては、義経を父と思え。

と、近く召し寄せました。又、義忠にも盃を与えて、

汝が父、吉野山にて、大衆追っかけたりしに、義経をかばいて、一人峰に留まらんといいしを、義経も留めん事を悲しみ、一所にと千度百度いいしに、さぶらいは言葉に出しつることをひるがえすことは候わずとて、すでに自害せんとせしままに、力及ばず、一人峰に残し置きたりしに、数百人の敵を六、七騎にて禦ぎ、あまつさえ鬼神のようにいわれし横川の覚範をうち取り、都に上り、江間の小四郎を引き受け、そこをも切りぬけしに、普通の者ならば、

それよりこれへ下るべきに、義経を慕い、ありかを知らずして、六条堀河のふるき宿所にかえり来て、義経を見ると思いて、ここにて腹を切らんとて、自害したりし心ざし、かれといいこれといい、兄弟の者の心ざしをいつの世にかは忘るべき。ためし少き剛の者とて、鎌倉殿も惜しみ給い、孝養し給うと聞く。汝も忠信に劣るまじき者かな。

と申しました。

あらありがたの御諚(ごじょう)や。さぶらいは剛にても剛なるべき者はなし。わが子ながらも剛ならずば、かほどまでは御諚もあるまじ。汝らも成人仕り、父どもが如く、君の御用に立ち、名を後代にあげよ。不忠を仕らば、父どもに劣れる者とて、傍輩(ほうばい)たちに笑われんぞ。後指をささされ、家の疵(きず)なるべし。御前にて申すぞ、よく承り留めよ。

と、けなげにも幼い孫たちを諭す老母の言葉に、なみいる人々は、

兄弟が剛なりしも道理かな。

と、深く感じ入りました。

ああ、継信・忠信兄弟は、古今にまれな勇士であります。その人に連れ添った婦人もまた、揃って貞女の鑑です。兄弟一つ心に親を思えば、その妻女もまた力を合わせて老母につかえます。母は二人の兄弟をみごとなもののふに育て上げ、その武運を念じて片時も忘れず、しかも、けなげな戦死と知っては無上の喜びに泣き、孫二人をさえ、又も父に続けと励ましたのであります。

七　国士の風尚

青少年学徒に賜わりたる勅語に、

汝等其れ気節を尚び、廉恥を重んじ

と仰せられてあります。この御言葉を拝誦する時思い出されるのは、乃木大将の一生であります。まことに乃木将軍は、気節・廉恥を重んじた日本の典型的な武将でありました。

旅順攻撃の時であります。将軍は、弾丸雨下する戦場を、平気で屢々巡視されました。一日、将軍は爾霊山に近い最前線に進まれましたが、そこは敵線まで僅かに二百メートル、将軍は黒服に白の軍袴を着け、赤い鉢巻の軍帽を冠って、敵情を視察していられました。敵はこれを目がけて、盛んに撃って来ます。危険この上もありません。「この附近は頗る危険であります。昨日も監視兵がやられました」と部下が注意しても、「そうか」と返事をされるだけで、依然、将軍は双眼鏡を当てて、敵情を視察していられました。このために、兵士はその剛勇に感激して、全軍の士気は頓にあがりました。将軍の心には、死生は既になかったのです。山鹿素行先生や吉田松陰先生の尽忠の信念に養われた将軍にとっては、悠久の大義のほか顧みるものとてであります。

は、何ものもありませんでした。尽忠奉公の至誠が、将軍の剛毅(ごうき)な行ないとなって現れたので

国の大事に処して、身を以ってこれに当り、皇国を護りぬいたのは、総べて気節の人でありました。権勢による圧迫にも、利欲による誘惑にも、少しもひるまず、なびかず、尊厳な国体を護った和気清麻呂公の気魄は、真の日本人の血脈に流れています。正しい道に徹した信念があればこそ、真に威武も屈することのできない節操を持し、千万人といえどもわれ往かんの気概に生きることができます。そうして、そのような気概・節操のない者には、国運を背負って立つ資格はありません。しかし、徒らに我を通して省みないのは、気節に似て実は頑愚に過ぎないのです。

私欲や私情に負けて権勢におもねり、清く正しい操守(そうしゅ)を失うことを恥とするのは、人の天性であります。徒らに自分の行ないを弁解して、他人の意を迎えようと努めるのは、内に省みてやましいからであります。私どもは、この恥を思う心を大切にし、この心を失わないために、必ず自分の行ないを慎んで、常に清く明かるくするように努めなければなりません。

古来、日本人は心を明かるく、身を清く保つことに努めて来ました。神社に参拝する時、先ず手を浄めるのは、心身の穢れを去り、清浄潔白の身を以って神に対する気持からであって、この清らかな心を、私ども日本人は尚んで来ました。名を重んじて、これを汚すよりも死を選

乃木将軍と静子夫人

ぶ武士の精神は、君に忠節を尽くした祖先の光栄を思う念に根ざしています。家の名の故に、武士は廉恥の風を尚んで、事ある時にも平時にも、「神明も照覧あれ」と、神にも恥じないふるまいに努めたのです。

山鹿素行先生は、武士道を深く体得して、「大丈夫内清廉を守らざれば、公につかえ、父兄にしたがって、利害ここに萌して、天性の心を放し失いつべし」と言い、身を以ってこれを実践されました。乃木将軍は深く素行先生に私淑して、生涯清廉を以って貫ぬかれたのであります。将軍の清廉を示す逸話は数多く伝えられていますが、次の話もよくその面目を語るものであります。

陸軍大将は、当時は軍馬三頭を飼う規定でしたが、或る事情で、乃木将軍の飼馬が二頭しか居なかったことがありました。将軍は、依然三頭分の馬糧代を支給されていたことに暫く気が附かれませんでしたが、やがてその事を知り、まことに申しわけないことをしたと言って、詫状を添えて余分の金を返却されました。

乃木将軍は又、質実剛健の人でありました。旅順攻略に輝く武勲を立てた将軍は、

王師（おうし）百万強虜（きょうりょ）を征す
野戦攻城屍（しかばね）山を作（な）す
愧（は）ず我何（われなん）の顔（かんばせ）あって父老（ちちろう）に看（まみ）えん
凱歌今日（こんにち）幾人か還る

と詠じて、戦功を誇らないばかりか、二児を君国に捧げながら、陛下の赤子を戦場に失ったことを自分の責めとして、ひたすら謹慎の生活を送られました。将軍が自適した那須野の別荘は、一農家に過ぎず、この粗末な家に起き臥（ふ）しして、田野（でんや）を耕す将軍の姿もまた、一介の農夫とまがうほど質素でありました。

その後、明治天皇の思し召しによって学習院長を拝命された将軍は、自分も校内に起居して質素の範を示し、「破れた着物をそのまま着ているのは恥だが、繕（つくろ）って着るのは決して恥ではない」と言って生徒の奢侈（しゃし）を戒め、質実剛健の気風を鼓吹されました。

質実の気風を失えば奢侈の風を生じ、それはやがて放肆（ほうし）乱行の基となるのであります。軍人勅諭に、「軍人は質素を旨とすべし」と仰せられてある御訓えは、国民総べてが心して実行すべきことであります。一たび国民が華美を好み、浮薄（ふはく）に流れるならば、軟弱の風は国民精神を蝕んで、遂に国家は衰頽するようになります。剛健の気性は、先ず奢侈の風を払うところから振るい起つのであります。

静子夫人もまた将軍によくつかえて、二児の教育に心を砕かれました。素行先生は又、「士の妻室たる者は、士常に朝に在って内を知らず、故に、夫に代って家業を戒む。豈、懦弱を以ってせんや」と言っていられますが、静子夫人は、将軍の清廉な気性に和して、簡素で清らかな生活を守り通されたのであります。将軍が後に大将にまで進まれても、乃木家の食膳には、夫人の心尽くしの一汁一菜が載るに過ぎませんでした。

将軍は人に語って、「質素は分を守り、分を慎むことで、質素であれば自分の天職を全うし、人格を向上させることができる。又、奢侈を戒めて貯蓄を図れば、国力はおのずから充実する。貯蓄は私腹を肥すためではなく、国家有事に役立つものであることを忘れてはならない」と教えられました。

武士は玉も黄金も何かせむいのちにかへて名こそをしけれ

と歌われた乃木将軍は、まことに国士の風尚を備えた皇国武人の典型でありました。そうして、この将軍につかえて貞節を尽くされた静子夫人が、又、皇国女子の鑑と仰がれるのであります。

八　教育に関する勅語

栄ある皇国の民として、天壌無窮の皇運を扶翼し奉るためには、教育に関する勅語の御趣旨を奉体して、実践躬行に努めなければなりません。教育に関する勅語は、明治天皇が、明治二十三年十月三十日下賜あらせられ、わが国教育の大本を示し給うたもので、わが国徳教の基であり、国民の夙夜奉体すべき不磨の聖訓であります。私どもは御趣旨のあるところをよく拝察し、肝に銘じて服膺しなければなりません。

今、勅語を拝誦し奉ると、先ず初めに、

朕惟うに、我が皇祖皇宗国を肇むること宏遠に、徳を樹つること深厚なり。我が臣民克く忠に克く孝に、億兆心を一にして世々厥の美を済せるは、此れ我が国体の精華にして、教育の淵源亦実に此に存す。

と仰せられてあります。

謹んで拝誦致しますと、この冒頭の御言葉は、わが国体の精華を明らかにし給うて、わが国の教育の基づくところをお示しになったものであります。既に学んだように、わが国は国初以来極めて古く、しかも万世一系の天皇がこれを統治し給うのであります。皇祖皇宗のわが国を開き、わが国の基礎を定め給うに当っては、その規模を広大にして、永遠に亘って動くことのないようにせられました。又、皇祖皇宗は道を行ない、神を敬い、民を愛し、教えを垂れさせられ、それによって範を万世にお遺しになったのであります。そうして、臣民は大君に忠を致し、父母に孝を尽くし、協力一心、常にこの美風を全うして来ました。これは、わが国体の精華であって、わが国教育の基づくところもまた、ここにあるのであります。

世界に国は多いとはいえ、わが国のようにすぐれた国体をもつものは、一つもありません。私どもは、よくこの卓絶した国体の本義を会得して、永遠にその顕現に努めなければならないのであります。もしこの心掛がなければ、わが国教育の本義に副わないものとなります。

次いで、勅語には、

爾臣民父母に孝に、兄弟に友に、夫婦相和し、朋友相信じ、恭倹己れを持し、博愛衆に及ぼし、学を修め、業を習い、以て智能を啓発し、徳器を成就し、進で公益を広め、世務を開き、常に国憲を重じ、国法に遵い、一旦緩急あれば義勇公に奉じ、以て天壌無窮の皇運を扶翼すべし。是の如きは独り朕が忠良の臣民たるのみならず、又以て爾祖先の遺風を顕彰するに足らん。

と仰せられてあります。

ここで天皇は、臣民の心得に就いてお示しになるに当って、先ず親しく「爾臣民」とお呼び掛けになって、以下、私ども臣民の日夕実践躬行すべき道徳の大綱を、お諭しになっているのであります。

私ども臣民たる者は、父母に孝行を致し、兄弟姉妹は友愛を旨とし、夫婦は互にその分を守って、睦び合い、助け合わなければなりません。これは皆、国家の一分肢(ぶんし)である家を平和にし、国民生活の繁栄を致す道であります。

朋友は骨肉に次いで親しいものであって、特に信義を以って交わることが大切であります。又、常に自己を引き締めて、聊(いささ)かでも放肆に陥るようなことがあってはなりません。しかも、他人に対するには、仁愛の心を基とし、親より疎(そ)に及んで、広く博愛に力を用うべきであります。

天皇陛下の赤子として、常に皇恩に浴する臣民は、皇国の使命達成に邁進しなければなりません。それ故、臣民たる者は、皆それぞれ学問を修め、業務を習って、智能を錬磨し、徳性の涵養に努め、国家有用の人とならなければなりません。又、進んで公益を広め、世務を開くことを心掛くべきであります。これらは皆、皇国臣民たるの務めを全うする基であります。

皇室典範及び大日本帝国憲法は、共に天皇のお定めになったわが国の大法であります。私ども臣民たる者は、常にこれを尊重しなければなりません。その他諸々の法律・命令も、この大法に基づき、国家の隆昌と臣民の康福とのために制定されたものですから、常によくこれを遵奉し、進んでその精神の発揚に心掛くべきであります。

以上は、主として常時に履み行なうべき道でありますが、もし一朝大事の起ることがあった場合には、大義のために奮い起ち、一身を捧げて皇室・国家のために尽くさなければなりません。これこそ、私どもの不断に覚悟すべき重大な務めであります。

私ども臣民が、以上お諭しになられたところを体得、実践することは、結局宝祚の御栄えと大御業を輔翼し奉るゆえんにほかなりません。「以て天壌無窮の皇運を扶翼すべし」とは、まことに私ども臣民の道が、ここに究極するものであることを、諭し給うた優渥な御趣旨と拝察されます。

このように、勅語の御趣旨を奉じて、これを実行する者こそ、ここに仰せられた忠良の臣民であります。そうして、これは肇国以来私どもの祖先が、常に実行して来たところでありますから、これを守るのは、祖先に対して孝なるゆえんであり、即ち祖先の遺した美風を発揚することとなるのであります。冒頭に仰せられてありますように、わが国の臣民は、億兆心を一にして、克く忠孝を重んじ、これを実行して来ました。忠孝は実にわが国道徳の根幹であり、国民生活に必須な諸々の心得も、皆忠孝の大道を全うするゆえんであることを、よくわきまえていなければなりません。

勅語には、最後に、

> 斯の道は実に我が皇祖皇宗の遺訓にして、子孫臣民の倶に遵守すべき所、之を古今に通じて謬らず、之を中外に施して悖らず。朕爾臣民と倶に拳々服膺して、咸其徳を一にせんことを庶幾う。

と仰せられてあります。

これまでお示しになった道は、皇祖皇宗の御遺訓であって、その御子孫も、私ども臣民も、相倶に遵奉すべき御訓えであります。しかも、この皇国の道は、古今を貫ぬいて永久に間違うところがなく、又、わが国は固より、外国で取り用いても正しい道であるとのお諭しであります。

明治天皇は、このように皇国の道を御明示になり、畏くも臣民と共に、この道を実践躬行することを望ませ給うたのでありました。臣民として、誰かこのありがたい大御心に感泣しない者がありましょうか。この感激をもたない者はありませんが、凡人の悲しさ、この御訓えの奉体に欠けるようなことがありはしないでしょうか。自分の平生を省みる時、やましく思うことがありはしないでしょうか。そのようなことがあれば、大御訓えに副わない不忠の臣ともなるわけであります。私どもはよくよく省みて、いかなる場合に於いても、奉体の実を挙げなければなりません。

今上陛下は、昭和十五年十月三十日、教育に関する勅語渙発五十年記念式典に於いて勅語を賜わりました。

皇祖考曩に聖勅を降したまいて、国体の精華を闡明し、国民道徳の大本を昭示したまいしより茲に五十年なり。而して爾臣民克く聖勅の趣旨を体し、夙夜振励文を経とし、武を緯とし、教化爰に洽く学風以て振い、国運の隆昌克く今日あるを致せるは、朕の深く懌ぶ所なり。今や国際の情勢は曠古の大変に際会せり。爾臣民其れ世局に鑑み億兆心を一にし、時艱を克服して大訓の聖旨に副いたてまつり、以て徳輝を四表に光被せんことを期せよ。

思えば、私どもは年少の頃から、教育に関する勅語を拝誦して、日夜聖旨の奉体に努め、皇国民としての修練を重ねて来ました。皇国は今未曾有の重大時局に際会しています。私どもは、国体の尊いゆえんに就いて深く思いを致し、総力を挙げて君国のために報ずる覚悟を固めなければなりません。これがためには、必勝の信念を堅持し、更に一層聖旨の奉体に精進し、日々の実践を通して、皇国の民たる真面目を発揮するよう努力することが、最も大切であります。

九　国民の覚悟

戦争が深刻の度を加えて来るにつれ、私どもは、国家の機密を守ること、敵の謀略を警戒すること、国家の統制に協力することなどに就いて、一層の注意を払わなければなりません。一人のすぐれた諜報員の働きは、優秀な装備を有する数箇師団の力にまさるといわれます。国家の機密が敵に洩れることほど恐るべきことはありません。しかも、機密は何でもないような些細な点から洩れて行くものであります。友人や知人が出征する出発の日取りや、或はその行く先がわかったとしても、みだりにそれを口にしたり、手紙に書いたりしてはなりません。自分の勤務している工場で製作する製品の種類や数量を、得々として人に話すことなどが、どんなに注意すべきかは、いうまでもありません。ハワイ真珠湾攻撃に挺身した特別攻撃隊員の一人は、両親への遺書の中に、「一人の死よりも日本海軍の軍機大切」と書き綴って、自分の行動には一切触れませんでした。この精神を以って、私どもは、どこまでも軍機に関する秘密を守りぬく覚悟を固めなければなりません。

更に、日ごとに激化して行くこの戦争に於いて、皇国民の一致団結の実を自ら破るようなことがあってはなりません。敵はこの一致団結を切り崩して、国民の戦意を喪失させようと図り、或は国民思想を動揺混乱させて、わが戦力の低下をねらうなど、種々の謀略を用いています。

この場合、特に注意しなければならないのは、流言蜚語であります。

流言蜚語は、人心の機微を捉えて、まことしやかに伝えられます。これを口にする者は、敵の謀略によるとは気附かず、何の悪意もなく話すこともありましょう。しかし、それが口から口へ伝えられる時、恐しい効果を現します。それによって、民心の動揺を招き、ために、国民の一致団結が崩れないとは限らないのです。

昭和十六年十二月八日渙発あらせられた宣戦の大詔に、

斯の如くにして推移せんか、東亜安定に関する帝国積年の努力は悉く水泡に帰し、帝国の存立亦正に危殆に瀕せり。事既に此に至る帝国は、今や自存自衛の為、蹶然起って一切の障礙を破砕するの外なきなり。

と仰せられてある聖旨を畏み仰ぐわが国民に、固より敵の卑劣な謀略に乗ぜられる隙のあろうはずはありません。しかし、戦争が長期に亘るにつれて、敵は益々このような方面にも力を注ぐことを考えて、十分警戒しなければなりません。

いろいろな風説を耳にしても、それを冷静に判断して、軽挙妄動しない態度こそ大切であります。かりそめにも、人の話を鵜呑みにして、更に人に伝えることなどは、最も慎むべきであります。

わが国民は、これまで激しい国際場裡の謀略に深く注意せず、防諜の大切なことや、謀略の恐るべきことなどを余り経験していません。そのために、思わぬ不覚を取ることがないとはいえません。政府もこれを憂え、国防保安法・軍機保護法等の法律を設けて、機密の保護、謀略の防止に努めています。私どもは、そのような法律にそむくことのないよう、細心の注意を怠ってはなりません。しかも、「信は力なり。自ら信じ毅然として戦う者常に克く勝者たり」「光輝ある軍の歴史に鑑み、百戦百勝の伝統に対する己の責務を銘肝(めいかん)し、勝たずば断じて已(や)むべからず」と戦陣訓に教えてある「必勝の信念」を堅持して、億兆一心の実を挙げなければなりません。そうして、一人々々の言動が、ひいては国家全体に大きな影響を及すことをわきまえて、国民として不用意なふるまいのないよう慎まなければなりません。

又、わが国は今、国民生活の全体に亘って、戦争完遂のため、いろいろな統制を強化しています。それらは、総べて戦力を増強し、国民生活を益々鞏固なものとするためのものです。それにも拘らず、なお現在、国家の意図にそむいて、例えば配給機構を乱すような者がないでもありません。かようなことは、銃後を守る者の行ないとして、まことに遺憾なことであります。もしも、それを知っていて行なうとすれば、その態度は憎むべきであります。又、知らないで行なったとしても、そのように迂闊(うかつ)なことでは、国家の大事に処して、国民としての責務を遂行することは到底できません。心ない国民のしぐさが利敵行為になることを思えば、その言行を些細なこととして見逃すわけにはまいりません。小さな言行も、積り積って、国家の秩序を乱すことになります。要は、利己心を捨てること、享楽の心を起さないことです。私どもは、我儘を慎んで、よく困苦欠乏に耐え、不平不満を並べないようにしなければなりません。そうして、現在わが国が直面している深刻な事態を直視して、欣然国家目的の遂行に協力するよう努むべきであります。

日清・日露の両戦役を通じ、当時の強大国と謳われた国々を撃破して、東洋平和の基礎を確立することができたのは、何の賜ものであったでしょうか。更に、支那事変から今次大東亜戦争に及ぶ長期建設戦に於いて、輝かしい成果を収めつつあるのは何によるのでしょうか。御稜威のもと、国民一丸となって、あらゆる辛苦を克服し、国体の精華を発揮して、必勝不敗の信念を根本に堅持するからであります。各員部署を守り通して、死すとも止まじ、勝たずば止まじの不動の信念を持することの、今ほど必要な時はありません。学校に於いても、又、家庭に於いても、日常生活を建て直し、献身奉公の精神と、強健な身体と、すぐれた知識・技能とを以って、国家目的の遂行に邁進し、古人のいわゆる、

憂きことのなほこの上に積れかし限りある身の力ためさん

という気魄を以って、あらゆる困苦辛酸を克服することが極めて大切であります。

十　礼の精神

昭憲皇太后の御歌に、

人として学ばざらめや鳥すらも枝ゆづるてふ道はあるものを

と仰せられてあります。礼儀正しくすべきことに就いて、お示しになったものと拝します。礼儀がなければ、小にしては自分の品位を落し、大にしては国民生活の秩序を乱すようになります。人それぞれの分に応じて、恭敬親和の心を表し、行ないに筋目を立てて、交わりをなめらかにするのが礼儀作法であります。

わが国は古来君子国と呼ばれ、礼を重んずる、威儀(いぎ)の正しい国とされています。そうして、わが国の礼は国民生活と密接不離の深い繋がりをもって来ました。遠い昔から、伊勢の神宮を始め奉り、全国到る所に神社の鎮座ましますわが日本に於いては、現御神(あきつみかみ)におわします天皇は、神を祭り給うて、愈々御徳(おんとく)を明らかにし給うのであり、又、臣民もこの大御心を受け奉って、祭祀を以ってわが肇国の精神を奉体し、天皇の御安泰をお祈り申し上げ、又、国に報ずる精神を磨くのであります。わが国の礼の根本は、うやうやしく天皇につかえまつり、神にまつろう精神にあることを忘れてはなりません。

このようなわが国の礼の精神は、ひとしく礼を重んずる儒教を受け容れて、一層磨かれました。君臣の間はいうまでもなく、親子・師弟の間を始めとして、国民生活の中に礼を重んずるうるわしい精神は、ひとりわが国に生き続けて今日に至っています。

明治天皇は軍人勅諭に、

> 軍人は礼儀を正くすべし。凡(およそ)、軍人には、上(かみ)元帥より下(しも)一卒に至るまで、其間に官職の階級ありて統属するのみならず、同列同級とても停年に新旧あれば、新任の者は旧任のものに服従すべきものぞ。

と仰せられ、更に上下の者の間に敬礼の大切なことをお諭しになり、次いで、

> 若(もし)軍人たるものにして、礼儀を紊(みだ)り、上(かみ)を敬(うやま)わず、下(しも)を恵(めぐ)まずして、一致の和諧(わかい)を失いたらんには、啻(ただ)に軍隊の蠹毒(とどく)たるのみかは、国家の為にもゆるし難(がた)き罪人なるべし。

と強くお戒めになられました。皇軍がよく上下和諧して軍紀厳正なのは、一に聖旨を奉体して、

全軍礼儀を正しくするからであります。国民も皆、この勅諭の御精神に則とって、国民生活の秩序を重んずべきであります。

礼は恭敬の心を本とします。神の御前におろがみつかえまつる誠の心を以って、人を敬い、独りを慎むことこそ、礼の基であります。内に恭敬の心がたたえられ、それが外に節度ある言葉となり、端正な動作となって現れて、始めて礼となります。心にもないお世辞や、飾り過ぎたふるまいは虚礼に過ぎません。

しかし、恭敬の心が内にあっても、これを正しく形に現さなければ、礼とはなりません。内の心と外の形とが相俟（あいま）って、始めてまことの礼となります。内に恭敬親和の心を養えば、おのずから外の形も整い、外に形を整えれば、自然に内の心も養われることをわきまえていなければなりません。

礼を重んずる人には、おのずからおかしがたい気品とゆかしい風格が備って来ます。このような気品と風格は、昔からたしなみという言葉で呼ばれて来ました。幼少の時から礼法にしつけられ、平素の実践に努めてこれに習熟し、そうして、礼の心を体得する者こそ、たしなみの深さを人に感じさせます。たとえ粗服をまとっていても、身にたしなみのある人は、どことなくおかし難く、又、ゆかしいものですが、これに反して、りっぱな衣服を着ていても、たしなみのない人はいかにも卑しく、又、貧相に見えるものであります。

礼儀正しくすることは、決して因循(いんじゅん)姑息になることではありません。殊に若い女子は、きびきびと働く元気がなければなりません。しかし、粗暴を元気のよいことと思うのは間違いです。礼儀作法の修練を積んだ人は、どんな危急の場合にも、平素のたしなみを忘れず、その一挙一動のうちに、おのずから落着きがあり、ゆかしい品位を示すものであります。

礼法には、日常生活に於いて行なわれるものと、儀式・集会など特別の場合に行なわれるものとがありますが、いずれも大切なことに変りはありません。特別の礼法に就いては、改めて学びもし、心も用いますが、日常の礼法はとかく乱れがちです。私どもは、「親しい仲にも礼儀あり」ということを、よくわきまえていなければなりません。平素、言葉を慎み、身なりを正しくし、起居動作を端正にし、父母・長上に対しては固より、友人や目下に対しても、礼を失わないよう心掛けることが大切であります。更に、幼い児童に対しても、礼儀は守るべきものであって、それが又、よい躾ともなるのであります。

公衆の中にあっても、礼儀を正しくして大国民の品位を保つことは、極めて大切なことであります。汽車や電車の中で、老人や子供をいたわり、快く席を譲り、乗降によく順序を守るのは、誰の目にもゆかしくうつります。「旅の恥はかき棄て」などと考えて不作法にふるまうのは、大国民の態度ではありません。見知り合いの人々に対してだけではなく、見知らない人に対しても、礼を失わないよう慎むのは肝要な心掛です。又、家の前、店先などを掃除するのも、往来を行きかう人に対する礼であります。更に、大東亜の指導に任ずべきわが国民は、礼の国日本の美風を愈々発揮して、東亜諸民族の尊敬と信頼とを得るよう努めなければなりません。

十一　家風

わが国民生活は、祖先以来連綿と続く家を単位として、堅実に発展して来ました。家の生活に於いては、子孫たるものは祖孫一体の実を挙げて、祖先の志を承け継いで行かなければなりません。祖先の精神をおのずからに伝えて、子孫を教育するものは、家風であります。家訓とか家憲とかいうのは、文字或は言葉に表された祖先の意志でありますが、家風は、言わず語らずの間に培（つちか）われて来た家の風習であり、貴（とうと）い伝統であります。共に子孫たる者の守り行なうべきことはいうまでもありません。

人各々その人がらが違っているように、家には又、それぞれの家風があります。しかも、各々違った家風が、その根本に於いては、わが国の家の本義に基づいて、健（すこ）やかな家庭生活を築き上げ、忠良な臣民を育て上げることに於いて一致するのであります。女子は、生家にあっては、己が家の家風に育てられ、又、他家へ嫁いでは、その家の主婦となり、その家風に同化し、それをわが心として、夫を助け、舅（しゅうと）姑（しゅうとめ）につかえ、子弟の教育に当らなければなりません。

吉田松陰先生は、かつて妹千代に書簡を以って、女子たるものの履み行なうべき道を、ねんごろに諭されたことがあります。その中に、「人の家にゆきたれば、ゆきたる家が己が家なり。故にその家の先祖は己が先祖なり。ゆるがせにする事なかれ」と述べ、同時に自分たちの生家杉家の家風のうるわしさに就いて、「杉の家法に世に及びがたき美事あり」と言い、わが家風を忘れるなと教えられました。

杉家は代々毛利氏に仕え、微禄でしたが、貧しい中によくりっぱな家風を作り上げました。殊に杉の一家が、代々尊皇の志に篤(あつ)かったことは、後に松陰先生のような一世の英傑を育て上げたことによってもうかがわれます。松陰先生の父杉百合之助は、当時の皇室の式微(しきび)と幕府の専横を歎いて、子弟に赤心忠誠を以って生くべき道を諭したのでありました。

杉家の家風のうるわしさは、敬神崇祖の精神によって培われました。父は春秋の先祖祭や忌日の祭はいうまでもなく、毎朝手ずから清水を汲んで、これを先祖の霊に供えました。又、毎朝一家は、東天遥かに天朝を拝して、尊皇敬神の誠を捧げ、更に毎年両三度、藩主の廟(びょう)に詣(もう)でるのを、年中行事として

吉田松陰幽囚の旧宅（現在、萩市萩町所在）。大正十一年十月、名勝史蹟地に指定。

いました。

一家和合の精神もまた、杉家の美風といえましょう。杉家と吉田・玉木の両家とは親しい間がらであり、父の弟大助は吉田家を継ぎ同じく文之進は玉木家を継ぎましたが、久しく杉家に同居していました。松陰先生の妹清子の嫁いだ小田村伊之助や、妹文子の夫久坂玄瑞（くさかげんずい）が、共に国事に奔走していた頃には、両家の留守の事は固より、国事奔走の資金に至るまで、おおむね杉家で世話をしました。杉家はいわば一族の中心であり、更にその中心となって親族の和合に努めたのは、母瀧女（たきじょ）でありました。

杉家は半士半農の耕読生活を送っていましたが、瀧女は松陰先生ら三男四女を抱えながら、夫を助けて野に耕し、山に樵（きこ）り、具（つぶさ）に労苦を積み、遂には、女手ながら馬をさえ飼うようになりました。しかも一方、姑につかえては孝養の限りを尽くしました。一頃、姑の親戚の婦人が夫に先立たれ、老人と一児をかかえて、自分も病身で苦労していたので、杉家ではこれを家に引き取りました。家は狭く、人手もありませんでしたが、瀧女は、食事に看護に献身し、病人の汚れ物まで洗濯することを厭（いと）わず、常にこれを温かくいたわりました。姑は泣いて嫁に感謝し、これを見る傍の者もまた、感涙にむせんだほどでありました。しかも、母は子女の教育に心を用い、又、義理の弟たちにも心おきなく勉学させました。文之進は兄嫁に感歎して、常に、「大丈夫も及ばない」と言って尊敬していました。

　このような一家和合の精神に培われて、杉家の兄弟もまた代々仲睦まじくしました。松陰先生の父も、弟大助・文之進を薫陶して、一藩に推重されるような人物に育て上げました。先生の兄弟姉妹が又、世にも珍しいくらい仲がよかったのです。わけても兄梅太郎と妹の千代とは、いずれも先生と二つ違いで年齢も近かったためか、この三人の友愛は特に濃やかでありました。梅太郎と先生とは、いつも仲よく一しょに勉学に励みました。又、松陰先生は、幼い時から妹千代にはやさしい兄で、正月などにも無益に遊び過さないで、かるたを読んでは、文字を覚えるがよいと教えるほどでありました。後に松陰先生は、全国を遊歴して家を離れることが多かったので、兄と妹に、自分の分まで父母につかえてくれと頼み、二人もよくその心を汲んで、兄は家郷の便りを怠らず、書物や旅費を整えて、先生の志を励まし、妹は兄の身を案じ、着物や果実などを送って、その心を慰めました。

　好学の精神に充ち溢れていたことも、杉家のうるわしい家風であります。一家は農耕に努めながら、寸陰を惜んで読書に親しみました。松陰先生兄弟も、父母と共に田畑に耕しながら、四書五経の素読や頼山陽先生の史書などを、父から暗誦、口授されました。一家の農耕する所、親子兄弟の唱和する読誦・吟詠の声が田圃の間に聞えたということであります。

　なお、杉家では、男たちが集って講学を共にしただけではなく、一族の婦人たちもまた月例の修養会を開いて、心を磨き合いました。長妹千代が世話役となり、母を始めとして、兄嫁や妹たちが集って、松陰先生から女誡（じょかい）や烈女伝などを聴いたこともありました。杉家ではこれを因（ちな）み会といい、松陰先生もまた、和やかな気持で、喜んでこの催しに参加されたのであります。

このように、杉家の一門は、貧しいうちに倹約に努めながら、家風を清らかに正しく保ち、大義に奮い起つ精神に燃えていました。家風こそ、家の伝統の現れであり、しかも家の子を健かに育て上げて行く力となります。私ども一億国民は、今、国を挙げて護国の赤誠に生き、質実剛健の風を振るい起し、あらゆる艱難に打ち克って、最後の勝利に邁進しなければなりません。この時、皇国の民である家の子を育てる家風の大切なことを思えば、わが家のうるわしい習わしは益々これを守り育て、そうして、この杉家のような家風に鑑みて、心を砕き、うるわしい家風を興すように努めましょう。

十二　挙国一致

太平洋の怒濤岸辺を洗う所、白砂青松の姿うるわしい神国日本は、悠久の古えから、未だかつて外敵に汚されたことなく、厳然として東海に卓立しています。国難一たび到れば、御稜威のもと、挙国一致して強敵をほふり、国土を富岳の安きにおき、以って尊い国史の成跡を今に留めているのであります。

上古、唐の勢力が伸張して、わが国にもその触手が伸びようとした時、古えのますらおは、大君のみこと畏み、西辺の地に敢然と国土防衛の任に就きました。

大君の命かしこみ磯に触り海原渡る父母を置きて

丈部人麻呂

この忠烈無双の精神は、かの元寇の役にもそのまま承け継がれて、遂に元の野望を打ち挫きました。近くは日清・日露の両戦役から、今次大東亜戦争に見る皇国の民のおおしい姿こそ、又、御国ぶりの尊さであります。

現代戦は総力戦であります。老いも若きも、男も女も、総べてが国を護って、大御心を安んじ奉らなければなりません。私どもの今日に処すべき心構えは、第一線将兵と少しの変りもあってはならないのです。味方と敵とを問わず、世界いずれの国も、皆興廃の岐路に立ち、国を挙げて戦に臨んでいます。最近では、女子の労務動員さえ広く行なわれています。私どもは必勝の信念を堅持し、確乎不動の態勢を整えて、敵に勝ちぬかなければなりません。億兆一心、君国に報ずる赤誠に燃え、各自が力の限りを尽くして励精(れいせい)奉行、以って時艱を克服すべきであります。

かつて薩摩・大隅・日向に跨がっていた島津藩は、関原の一戦に西軍にくみして敗れました。その時以来、同藩の藩士は、関原の敗戦を深く肝に銘じて、一層藩力の増強に努め、藩上下をこぞって臥薪嘗胆の三百年を送りました。江戸幕府の圧迫に対抗して藩力に培うためには、常に一致団結の実を挙げなければならないので、殖産興業に努めて、非常に備えると共に、他方、質実剛健の気風を振るい起し、惰弱を戒め、規律を重んじて、士風の昂揚(こうよう)を図りました。かの木曾川改修工事に、不朽の名を留めた平田靱負(ゆきえ)以下薩摩義士の精神も、こういうところから生まれたものでありました。

藩士は特に厳しく上下の区別を重んじ、節義・廉恥の風を養い、粗衣粗食に甘んずると共に、勇往果断、以って身命を惜しまない精進を続けました。平素は武士も田畑を耕作し、自給自足を図りましたが、有事に備えて、武具のみは優秀なものを用意し、尚武の精神を励ましました。

青少年たちもまた、郷中組織を以って切瑳琢磨、文武の道に励み、剛健廉恥の風を高めて、他日を期したのであります。この組織は、朝鮮の役当時、藩の老臣新納忠元・山田昌巌らが、士道刷新のために制定したものといわれています。城下居住の区域に従って青少年を結集せしめ、郷中の組織を整え、後進の士の指導に努めたのであります。

こうした組織の中に、終始礼譲の精神を以って先輩・長老に対し、しかも、絶えず山坂の達者、水練の道に心掛けました。九州に遊んだ頼山陽先生は、この島津藩青少年の固い団結と壮んな意気に感激して、

衣は骭に至り、袖腕に至る
腰間の秋水鉄断つ可し
人触るれば人を斬り、馬触るれば馬を斬る
十八交わりを結ぶ健児の社

という句で始る有名な詩を賦して賞揚されました。

しかも注意すべきは、健児の母たちは、常にわが子を公の子と観じて大切に扱い、子供の休んだ枕べは、決して母も通らないという躾を厳守しました。そうして、いつくしみの中に厳しさをこめて、わが子の教育に当ったのです。薩摩士風は、まことに母の力に負うことが大きかっ

たのであります。このようにして薩藩は士風を高め、藩力を培いましたので、時到って、江戸末期には目ざましい活躍を示すようになりました。時の藩主島津斉彬公は、「愚影を遺して北闕を守護せん」と遺訓を残した忠久公以来の伝統を固く守って、よく勤皇の大義を現し、藩士もまた一致協力、藩主を輔けて維新の大業翼賛に邁進しました。薩英戦争にも、優勢な敵艦に対して、藩は上下こぞってこれに当り、城下を焦土と化してもなお戦いぬく覚悟を示して、敵弾雨飛の間に、老若男女力の限りを尽くして戦いました。さすがの英艦も、この気魄に呑まれて、遂に退去するほかありませんでした。

　時移って、今、皇国は詔を畏み仰ぎ、億兆一心、国家の総力を挙げて、敵米英と激烈な戦闘を続けています。私どもは、父祖が身に代えて護りぬいたこの皇国日本に生をうけたものであります。聖恩のもと、国に報いる一念に燃えて、挙国一致の実を挙げなければなりません。

　現下の戦争は、国家総力戦であります。この際、わが戦力を極度に増強しなければ、戦に勝ちぬくことは到底できません。総力の発揮は、皆が勝手気儘に、自分の力の限りを振るうことではありません。そうした行動は、寧ろお互の力を相殺して、総力を減ずるものです。互に譲るべきは譲り、助くべきは助け合うことによって、始めて総力がむだなく発揮されるのであります。随って、私ども国民は、恭敬親和の礼の精神を以って一致協力し、精神力・物質力の一切を挙げてその調整を図り、そうして、これを戦力増強に振り向けなければならないのであります。私どもは、不平不満の心を起さず、質実な生活に徹底しなければなりません。進んでは、勤労作業に全力をこめ、心身の鍛錬と共に生産増強に資し、以って国力の充実に寄与すべきであります。

日常の生活では、学用品に事欠くこともありましょう。しかし、そのような時、私どもは創意工夫を働かせて、不足に打ち克つべきであります。私どもの父祖は、困苦欠乏の中にあっても、よく魂を磨き、心を鍛え、撓（たわ）みなく学業を達成したのであります。不足を忍び、創意工夫を練り、勤労に努めて、健かな生活を築き上げるのは、「浮華放縦（ふかほうしょう）を斥けて質実剛健に趨（おもむ）き」と仰せられてある聖旨を奉ずる者の、当然の務めであります。

勤皇の志士梅田雲浜（うんぴん）先生は、

君が代を思ふ心の一すぢに我が身ありとも思はざりけり

と歌われました。私どもはどこまでも心を合わせて、銃後を固く守らなければなりません。この覚悟を以って日々の務めを怠らず、欣然として皇国無窮の生命に帰することが、私ども皇国女子の輝かしい使命であります。

中等修身　三　女子用

一　肇国の精神

教育に関する勅語には、その冒頭に、

朕惟(おも)うに、我が皇祖皇宗国を肇(はじ)むること宏遠に、徳を樹(た)つること深厚なり。

と仰せられてあります。まことに、わが肇国の規模が宏遠であり、天つ日嗣(ひつぎ)の神聖にましますことは、皇国隆昌の基であって、皇国が世界に比類のない卓越した国史を生み成し、生々発展の大道を進む根源であります。

皇祖天照大神が、

豊葦原の千五百秋の瑞穂の国は、是(こ)れ吾(あ)が子孫(うみのこ)の王(きみ)たるべき地(くに)なり。宜しく爾皇孫(いましすめみま)就(ゆ)きて治(しら)せ。行矣(さきくませ)。宝祚(あまつひつぎ)の隆(さか)えまさんこと、当(まさ)に天壌(あめつち)と窮(きわま)りなかるべし。

との神勅を下し給うて、皇孫を皇土に降臨せしめ給うた大御業に仰ぎまつる大精神こそは、万世に揺るぎない皇国の道の基であります。歴代天皇は斉(ひと)しく大神の御精神を承け継ぎまし、御遺訓を奉じて大御業を恢弘し給うのであります。神武天皇の御創業といい、明治維新の皇猷（こういう）といい、又、近くは大東亜戦争に於ける御経綸といい、いずれも肇国の精神を発揚し給うものと拝せられます。

神武天皇橿原奠都（てんと）の詔（みことのり）には、

> 上（かみ）は則ち乾霊（あまつかみ）の国を授けたまう徳（うつくしび）に答え、下（しも）は則ち皇孫（すめみま）の正（ただしき）を養いたまいし心（みこころ）を弘めん。然（しか）して後に、六合（くにのうち）を兼ねて以て都を開き、八紘（あめのした）を掩（おお）いて宇（いえ）と為（せ）んこと、亦可（またよ）からずや。

と仰せられてあります。この雄渾（ゆうこん）な皇謨こそは、皇祖天照大神の大御心のままに、皇国の輝かしい発展の相（すがた）に就いて示し給い、天業を恢弘あらせられたものであり、畏くも皇基はここに不抜のものとして固められたのであります。

皇国の民は、天壌無窮の神勅のまにまに、皇謨を扶翼し奉ることを以って臣民の道となし、祖孫一体、弥（いや）継ぎ継ぎにこの道を履み行ない、随順奉仕の生活を営んでいるのであります。即ち、肇国の精神は国民の血に流れて、国民は常に大御業の翼賛を念としながら、己が分を尽くして来ました。私ども臣民たるもの、謹んで乾霊授国（けんれいじゅこく）の御徳を仰ぎ、又、皇孫養正（ようせい）の御心を崇（あが）めまつり、広大無辺の化育（かいく）の御仁慈のもとに、奉仕の信念に徹し、億兆心を一にして皇国一家の大和を実現しなければなりません。しかも、なおその間にあって、一旦緩急ある場合には、固より教育に関する勅語に、「義勇公に奉じ」と仰せられてある聖旨を奉体して、君国のため、一身を捧げまつる覚悟を固めることが大切であります。

古事記には、

> 是に天神諸の命以ちて、伊邪那岐命・伊邪那美命二柱の神に、この漂える国を修理り固成せと詔りごちて、天の沼矛を賜いてことよさしたまいき。

と記されてあります。ここに二神は天神のみことのりを奉じて、漂える国を造り固め給うたのでありました。即ち、大八洲を生み、次いで山川草木・神々を生み、更に、これをすべ知ろしめし給う天照大神をお生みになられました。天照大神は大日孁貴とも申し上げ、光華明彩しくして六合の内に照り徹らせ給うのであります。大神はくさぐさの穀物を以って、「是の物は顕見蒼生の食いて活く可きものなり」と宣わせられ、これを田に植えしめ給い、又、蚕を飼い、糸を取り、機を織る道をお開きになられました。即ち、大神が、民草のために衣食の道を開き給うて、天の下に君臨し給うところに、万代不易の皇国の基が定められたのであります。

皇国は実に君民国土共に同祖一体であります。皇祖天照大神の御出現によって、神々及び国土・山川・草木は大神の限りない御恵(みめぐ)みのうちに化育せられ、ここに皇国は生々発展の一途を進んで来ました。皇祖の神裔(しんえい)にましまし、皇国の大生命の本源におわします天皇は、皇祖の大御心を承け継ぎ給うて、蒼生(そうせい)を慈(いつく)しませ給い、国土・万物を化育せられて、これを生々発展せしめ給うのであります。臣民は、唯々広大無辺の大御心のうちに己が生命を伸張し、又、大御心を奉体して大御業を翼賛し奉り、ひたすら万物の発展を図り、生産に従事し、建設に邁進し、以って皇国悠久の大生命に帰入(きにゅう)するのであります。まことに皇国は、国初以来万物の化育を念とし給う大御心のもとに、生産・建設という創造発展を国史に具現して来たというべきでありましょう。

　大東亜戦争が起り、わが国の力によって、既に南方諸地域は米・英・蘭の制圧から解放され、皇国日本はその指導的地位を占めるようになりました。大東亜の建設こそは、わが肇国の精神に照らして、皇国の担う当然の使命といわなければなりません。肇国の精神は、十億の民の住む大東亜を一家とみなして包容化育するところによく発揚されるのであります。仁愛化育・生命愛重の事実ほど、国家無窮の発展をもたらすものはありません。皇国の民がいかに温和な性情に深く根ざし、他をよく包容同化して、国威の伸張に尽くして来たかということは、国史の上に既に明らかであります。そうして、これも皆神徳に仰ぎまつるわが国固有の化育の精神に基づいています。化育の精神によって、始めて、私どもは偏狭固陋を免れると共に、絶えず己自らを豊かにして、逞しい創造発展へと進むことができるのであります。

明治天皇維新の宸翰に、

朕徒らに九重中に安居し、一日の安きを偸み、百年の憂を忘るるときは、遂に各国の凌侮を受け、上は列聖を辱しめ奉り、下は億兆を苦しめん事を恐る。故に朕茲に百官諸侯と広く相誓い、列祖の御偉業を継述し、一身の艱難辛苦を問ず、親ら四方を経営し、汝億兆を安撫し、遂には万里の波濤を拓開し、国威を四方に宣布し、天下を富岳の安きに置ん事を欲す。

と仰せられてあります。明治・大正・昭和の三代を通じて、皇国日本の進んで来た道は、畢竟するに、この維新の精神を貫ぬく天業恢弘の道であります。まことに、これこそ肇国精神の根源に発する大道であります。私ども皇国の民は、肇国の精神こそ常に国民を奮起せしめるものであることを、決して忘れることがあってはなりません。

二　敬神崇祖

天皇陛下には、昭和十七年十二月十二日、聖駕を伊勢路に進めさせられ、皇大神宮に御親拝あらせられました。陛下には、皇祖天照大神の大御前に親しく御告文を奏し給うて、振古未曾有の戦果を御奉告あらせられ、戦局の前途なお容易ならぬ非常の時に臨み、畏くも、速かに征戦の目的を達成し、天業を恢弘せんことを誓わせ給うたと漏れ承ります。

征戦下、天皇陛下御親ら神宮に御拝あらせられた御事は、神宮御鎮座以来最初の御事で、このたびの御親拝がいかに尊い大御心に出でさせ給うかは、拝察するさえ恐懼感激の極みであります。神国日本に生まれた私ども一億は、皇国の光栄保全のために、大東亜戦争に勝ちぬき、以って聖明にこたえ奉らんことを堅く心に誓わなければなりません。

わが国は、現御神にまします天皇の統治し給う神国であります。神鏡奉斎の神勅に、

　此れの鏡は、専ら我が御魂として、吾が前を拝くが如、いつきまつれ。

と仰せられてある御遺訓のまにまに、天皇は神を祭り給うことによって天神と御一体とならせ給い、弥々現御神としての御徳を明らかにし給うのであります。賢所・皇霊殿・神殿の宮中三

殿には、皇祖を始め奉り、歴代天皇及び皇族の御霊、更に天神地祇を斎き祀り給い、大祭には、天皇は皇族及び百官を率いさせられ、御親ら祭典を行なわせられます。

天皇陛下には、昭和三年、京都に於いて即位礼を挙げさせ給い、大嘗祭の厳かな御儀を執り行なわせ給うた後、皇大神宮・豊受大神宮に御親謁あらせられました。このように、皇室におかせられては、祭祀を重んぜられ、敬神の範を垂れさせ給うのであります。

臣民は大御心を奉体して、祭祀を以ってわが肇国の精神を顕揚し、私を捨てて天皇の御安泰を祈り奉り、又、その分を尽くして国家に報ずる精神を磨くのであります。

わが国には津々浦々に到るまで神社が鎮座して、国民生活はこの神社を中心として繰り拡げられ、国民は敬神の真心によって固く結ばれています。しかも、私どもの祖先は代々鎮守の社を中心として郷土の生活を営んで来たのであって、それが又、郷土の人全体の親和を一層緊密にする基となったのであります。郷村の大事に当っては、喜びにも悲しみにも、必ず神前に集い、神意を戴き、神助を仰いで行動しました。そうして、人々は一家一族の生活を神の御恵みのうちに営んで来たのであります。誕生の宮参りとか、袴着・被衣初・元服等、古来生涯の大事とされた事がらに際しては、先ず神社に参拝して慶祝の意を表しました。

このようなしきたりは、どんなにか鎮守の神と郷土民とを固く結びつける絆となったことでありましょう。昔から、村々町々の神社の祭礼に郷村の人々が赤誠を籠めて奉仕したのもそのためであります。こうした美しい関係を今後も益々深めて行くことは、郷土生活に於ける精神的な結束を愈々鞏固にする基であり、ひいては又、国力の伸張を致す所以でもあります。鎮守の社は村々町々の平和を守り、清明（せいめい）な生活をもたらし、郷土の民を絶えず力づけます。

それ故、神社は国民生活のあらゆる方面に於ける精神力や活動力の源泉であります。国民が神を敬い、奉仕の精神を深めることによって、政治も、軍事も、教育も、文化も、産業も、各々その正しい道を得て、隆々と興起するのであります。明治維新以来僅か七十余年の間に、わが国は目ざましい発展を遂げましたが、一部には無反省に西洋文化を取り入れた者もあったため、いろいろの弊害も起り、国民精神を真に発揮するという点ではなお十分とはいえませんでした。然るに、近年、敬神の精神を本として、国民的自覚が愈々深められるようになったのは、まことに惟神（いしん）の大道（たいどう）の顕揚といわなければなりません。

祖先崇拝はわが国古来の伝統の精神であります。そうして、その精髄は神社崇敬に最もよく顕れています。神社は、皇祖皇宗を始め奉り、国土経営の神々及び皇室の御為、国家のために尽くされた私どもの祖先におわします神霊を斎き祀るのであります。随って、敬神は崇祖であり、崇祖の念は神社の崇敬と融合します。しかも、神社の崇敬は、天皇が皇祖皇宗を崇敬し給う御精神に帰一（きいつ）し奉るのを根本としています。国民が神意を奉じ、祖志を継いで、天業を翼賛し奉ることによって、惟神の大道は弥々その光を放つのであります。

皇国は今未曾有の重大時局に直面しています。この時こそ、私どもは神国に生をうけた恵みを思い、敬神崇祖、以って明かき浄き直き誠の心を磨き、神明に誓って君国に報ずる至誠を貫ぬかなければなりません。私どもは、宣戦の大詔に、

皇祖皇宗の神霊上に在り。朕は汝有衆の忠誠勇武に信倚し、祖宗の遺業を恢弘し、速に禍根を芟除して東亜永遠の平和を確立し、以て帝国の光栄を保全せんことを期す。

と仰せられてある御言葉を拝しては、敵撃滅に全力を尽くして神霊の加護にこたえ、以って大御心を安んじ奉らなければならないのであります。

明治天皇御製

千早ぶる神のひらきし道をまたひらくは人の力なりけり

三　皇室典範と帝国憲法

皇国は、天壌無窮の神勅のまにまに、皇祖の神裔にまします天皇が天つ日嗣を弥継ぎ継ぎに承け給い、親しく御代知ろしめし給う国であります。

孝徳天皇の詔に、

惟神も我が子治さんと故寄させき。是を以て天地の初より君と臨す国なり。

と宣わせられてあります。このように、天壌無窮の神勅の御精神は世々継承せられ、歴代天皇のみことのりに一貫して拝せられるところであります。まことに、万世一系の天皇の御親政という肇国の精神の顕現こそ、わが国の揺るぎない礎であり、不断に生々発展する国家活動の基であります。そうして、神勅を始め奉り、歴代天皇のみことのりは、わが国家活動の則とるべき根本として、万世に亘って皇国の政治を貫ぬくのであります。

明治の御代に及び、肇国以来の根本の精神は、皇室典範及び大日本帝国憲法に成文として明らかにされました。典範・憲法は、その淵源が肇国の初めに遡るものであり、皇祖皇宗の御遺訓を万世に昭々乎たらしめるものでありますから、その制定を見るに至ったのも、一朝一夕の業ではありませんでした。その間に於ける明治天皇の御軫念(しんねん)は、拝察するさえ感激の極みであります。

明治二十一年には、枢密院を設けて、皇室典範及び大日本帝国憲法の草案を審議に附せられました。審議は数箇月の久しきに亘りましたが、畏くも明治天皇には、炎暑にも、寒冷にも、常に臨御あらせられ、厳然として討議に御耳を傾けさせ給うたと漏れ承ります。会議中にたまたま皇子昭宮(あきのみや)が薨去(こうきょ)あらせられ、伊藤議長がその旨を奏上したところ、天皇には、折から審議中の一条の終るまで議事を続けよと仰せられ、その一条を議し終ってから入御あらせられました。その後で、議長が思召しのほどを列席者に伝えたので、一同は始めて事の次第を承って、恐懼の余り、誰一人として面(おもて)を上げ得なかったということであります。この一事を以ってしても、明治天皇が国憲制定に就いていかに深く大御心をお用いになったかを、拝察し奉ることができます。

このようにして、明治天皇には、二十二年の紀元節の佳辰(かしん)を卜(ぼく)して、皇室典範を制定し、帝国憲法を発布あらせられました。この日、天皇には皇族・百官を率いさせられ、賢所・皇霊殿・神殿に御拝あり、殊に賢所・皇霊殿に於いては、皇室典範及び憲法制定の御告文を奏し給うたのであります。

御告文には、

> 顧みるに、世局の進運に膺り、人文の発達に随い、宜く皇祖皇宗の遺訓を明徴にし、典憲を成立し、条章を昭示し、内は以て子孫の率由する所と為し、外は以て臣民翼賛の道を広め、永遠に遵行せしめ、益々国家の丕基を鞏固にし、八洲民生の慶福を増進すべし。茲に皇室典範及憲法を制定す。

と仰せられてあります。私どもはわが国憲の尊い所以を弁え、その本義を正しく理会することに努めなければなりません。

皇室典範は、肇国以来定まっている皇室の大憲を成典とし給うたものであります。

皇室典範の上諭には、

> 天佑を享有したる我が日本帝国の宝祚は、万世一系歴代継承し、以て朕が躬に至る。惟うに祖宗肇国の初大憲一たび定まり、昭なること日星の如し。今の時に当り、宜く遺訓を明徴にし、皇家の成典を制立し、以て丕基を永遠に鞏固にすべし。茲に枢密顧問の諮詢を経、皇室典範を裁定し、朕が後嗣及子孫をして遵守する所あらしむ。

と仰せられてあります。ここに皇祖皇宗の御遺訓は明徴にせられ、皇室の丕基は弥々鞏固にせられたのであります。

皇室は皇国の中心にして国家の本源にましますのでありますから、皇室の成典は即ち国家の大法であります。ここに、皇室を大宗家と仰ぎ奉り、一大家族国家をなしているわが国の、国即ち家であるという特色があります。皇室典範が憲法と共に国憲と呼ばれる所以はここに存します。

皇室典範は、皇位継承・践祚即位・成年立后立太子等十二章六十二条から成り、補うに、明治四十年及び大正七年の皇室典範増補があります。皇位継承に就いては、第一条に、「大日本国皇位は祖宗の皇統にして男系の男子之を継承す」とあり、第二条に、「皇位は皇長子に伝う」とあって、以下、皇位継承の順序が明らかにされています。践祚即位に就いては、第十条に、「天皇崩ずるときは皇嗣即ち践祚し祖宗の神器を承く」とあって、皇位の御璽としての神器の神聖なることが明らかにされています。

帝国憲法は、皇室典範と共に、皇祖皇宗の御遺訓に遵って、皇国の隆昌を冀わせ給う大御心から国家統治の大綱を定めさせられた不磨の大憲であります。憲法発布勅語に、

朕、国家の隆昌と臣民の慶福とを以て中心の欣栄とし、朕が祖宗に承くるの大権に依り、現

在及将来の臣民に対し、此の不磨の大典を宣布す。
惟うに、我が祖我が宗は、我が臣民祖先の協力輔翼に倚り、我が帝国を肇造し、以て無窮に垂れたり。此れ我が神聖なる祖宗の威徳と、並に臣民の忠実勇武にして、国を愛し公に殉い、以て此の光輝ある国史の成跡を貽したるなり。朕、我が臣民は、即ち祖宗の忠良なる臣民の子孫なるを回想し、其の朕が意を奉体し、朕が事を奨順し、相与に和衷協同し、益々我が帝国の光栄を中外に宣揚し、祖宗の遺業を永久に鞏固ならしむるの希望を同くし、此の負担を分つに堪うることを疑わざるなり。

と仰せられてあります。わが国体の精華を明らかに示し給い、臣民の道を諭し給うと共に、臣民に深く御信頼を寄せさせ給う大御心を拝察して、私どもは誓って聖慮に副い奉ることを期しなければなりません。

憲法の上諭には、

国家統治の大権は、朕が之を祖宗に承けて之を子孫に伝うる所なり。朕及朕が子孫は、将来此の憲法の条章に循い、之を行うことを愆らざるべし。

と宣わせられてあります。天皇が憲法を統治の根本となし給うことは、憲法が皇祖皇宗の御遺訓に基づくからであり、又、御制定に際し、臣民に率先してこれを履行し給う旨を神霊に誓わせ給うた御事は、御祖先に対して大孝を伸べさせ給う大御心の現れと拝察されます。このように、帝国憲法は尊い大御心によって制定せられた欽定憲法であって、他国に比類のないところであります。

帝国憲法は、国体に就いて明らかならしめています。国体が肇国の初めに定まったことはいうまでもありませんが、憲法はこれを弥々明徴にしているのであります。憲法の第一条には、「大日本帝国は万世一系の天皇之を統治す」とあり、神勅に昭示せられた天壌無窮の国体を宣明し、第三条には、「天皇は神聖にして侵すべからず」とあって、現御神にましますす天皇の御神聖を明文にしてあります。又、第四条には、「天皇は国の元首にして統治権を総攬（そうらん）し、此の憲法の条規に依り之を行う」とあって、わが国の政治が、大権を基とする御親政に存することを示してあります。

憲法は、更に第四条に基づいて国家統治に関する組織・権限等を定めていますが、総べてそれらは天皇の統治に帰一し奉るものであります。

私ども臣民は特にここで、臣民の権利・義務に関する条章に就いて弁えておかなければなりません。「おおみたから」としての臣民の権利の保護は、わが皇室の常に重んぜられるところであります。随って、憲法によって与えられた臣民の権利は、兵役・納税等奉公の義務と共に、皇運扶翼の道を全うするためのものであることに、深く留意しなければなりません。

昭和十三年二月十一日、憲法発布五十年祝賀式典に於いて賜わりたる勅語に、

朕惟うに、皇祖考夙に大憲を制定し、励精治を図りたまい、民情以て暢達し、国運以て興隆し、茲に五十年に及べり。今や希有の時局に際会せり。朕が忠良なる臣民宜しく、憲章を奉遵して愆らず、至公無私唯国家を是れ念い、挙国一体億兆一心、日に新にするの気運を振興し、日に進むの事勢を振作し、朕をして皇祖考丕顕の遠猷を対揚し、以て丕承の美を済すことを得しめよ。

と仰せられてあります。私どもは非常の時局に際会し、愈々深く聖旨を奉体し、千古不磨の大典であるわが国憲を遵守するという堅い信念を以って、皇運扶翼の実践に徹しなければなりません。実にそこにこそ、皇国の隆昌に寄与する第一歩があるのであります。

四　国体と国法

わが国は、古来、天皇御親政のもとに、惟神の大道に則とって、祭祀と政治とがその根本を一にして来ました。天皇は皇祖皇宗を斎き祀り給うて大御心を承け継ぎ給い、皇祖皇宗の慈しみ給うた蒼生を弥々撫育(ぶいく)し、栄えしめ給うのであります。ここに、天皇の国を知ろしめし給う御精神が拝せられ、神を祭り給うことと政(まつりごと)をみそなわせ給うこととは、その根本に於いて一致します。臣民はひたすら大御心を奉体して、天業を輔翼し奉り、皇国の隆昌に尽くして来ました。天皇御親政のもとに於いて、臣民が大政を輔翼し奉るところに、皇国の世界に卓絶する政治の特色があります。

明治天皇は五箇条の御誓文に、

広く会議を興し、万機公論に決すべし。

と仰せられ、やがて憲法が成文として制定されました。ここに、天皇御親政のわが国政治の基が弥々鞏固にせられ、皇国の道は益々伸張されるに至りました。即ち、憲法は、天皇の大権のもとに、立法・司法・行政のそれぞれの機構を設けて、各々その分を守りながら、皇運扶翼の全きを期するよう定めています。しかも、それらが対立するのではなく、唯一無二の大権の各方面への顕現であることは固より明白であって、わが国の国法は総べて天皇の統治権から発展するものであります。

帝国議会は、万機公論に決せよと仰せられた聖旨を顕現しようとする協賛の機関であります。畏くも天皇は、常に赤子の情を知ろしめし給うことに大御心を注がせ給うのであります。臣民たるものは、赤誠を捧げて公議を尽くし、大政輔翼の大任を託し給う深い御信任に副い奉り、帝国議会の本義を愈々発揮しなければなりません。

帝国議会は、憲法第三十三条に示されてあるように、貴族院・衆議院の二院から成っています。貴衆両院が各方面の意見を尽くして、審議の慎重を期するのであります。貴族院は、貴族院令の定めるところによって、皇族・華族の議員及び勅任せられた議員を以って組織されています。衆議院は、衆議院議員選挙法の定めるところによって、公選せられた議員を以って組織され、議員の任期は四年、現行制度では、定員は四百六十六人であります。広く国民一般の中から適材を選んで、協賛の任に当らしめる趣旨であります。議会の職責は、主として立法及び財政の協賛であって、共に国家の隆替に係わる大切なものでありますから、議会は聖旨を奉体し、慎重に審議して協賛の重責を全うし、以って大御心を安んじ奉らなければなりません。

国を挙げて皇運を扶翼し奉り、臣節を全うするのは臣民の本分でありますが、中でも国務一般に就き、天皇を輔弼し奉る重大な職責にあるものは国務大臣であります。輔弼とは、国家万民に就いて御軫念あらせ給う大御心を常に奉体し、機に応じて、国務に就き全責任を以って、或は意見を進め、或は御諮詢に奉答し、大政を輔翼し奉ることであります。

国務大臣がその輔弼を全うするために、内閣が組織されます。内閣の首班である内閣総理大臣は、内閣の統一を保持して、弥々輔弼の大任を全うすると共に、行政各部の統一を図って、大政の施行に当ります。

輔弼の大任を担う国務大臣のほかに、国家永久の大計に稽え、慎重に議を尽くして、大権輔翼の全きを期するために、枢密顧問が置かれ、枢密院が設けられています。枢密院は天皇の顧問府であって、枢密顧問は御諮詢を俟って意見を上奏するにとどまり、国務大臣とは違って、施政には関与しないことになっています。国務大臣と枢密顧問とが相俟って天皇最高の輔翼者たることは、世界に類例のないところで、国体に即したわが憲法独得の制度であります。

統治権はその及ぶところが広く、又、その内容も複雑でありますから、細かい点に就いては、大権を以って別に種々の機関を設けてこれを行なわしめられます。行政はこれに属しています。行政は常に大権に基づくもので、国法に則とって行なわれるのはいうまでもなく明らかなことであります。行政を掌る行政官庁は、中央行政官庁（内閣総理大臣・各省大臣）を最上級として上下の系統をなし、命令が二途に出ることのないようになっています。官庁を構成し、又はこれを補助する地位にある官吏（かんり）が、一身を天皇に捧げ奉り、輔翼の任を全うすることを期するのはいうまでもありませんが、一般国民をまた行政の本旨を理会し、官民一致、和衷協力して臣民の道の実践に邁進しなければなりません。

司法権は統治の大権の一面であって、これを行なう裁判所は、天皇の御名に於いて裁判を行ないます。司法裁判は、皇国本来の正義の精神を明らかにして、国民生活の秩序を維持するものであり、皇国の道に則とって、国体の精華を発揚すべき裁判所の使命は極めて重大であります。帝国憲法は、裁判が特に公正に行なわるべきことを期し、議会・政府に対し独立の地位にある裁判所にこれを委ねています。裁判所は国法に基づいて裁判を行なうので、その職責は司法といわれています。司法は、法に背（そむ）く者に対してはこれを強制する権力として現れますが、その本旨は正しきを助ける精神を基とするものであって、不正の者をもまたこれによって矯（た）め直し、良民とすることを期するものであります。

裁判所には、区裁判所・地方裁判所・控訴院・大審院の四種があり、それぞれ定められた数の判事を以って、裁判を行ないます。このように種々の裁判所があるのは、裁判を慎重にして、公平な判決をなすためであります。

裁判には民事と刑事とがあります。民事裁判は個人間の紛争を裁断し、刑事裁判は犯罪の処罰に当ります。民事裁判では、近来調停の方法が併せ用いられています。刑事訴訟は、検事によって提起されるもので、検事は司法大臣の指揮監督のもとにあって、裁判所とは独立してその任務を遂行するのでありますが、あくまでも厳正に、しかも温情を籠めて、過った者を善導するのがその職責であります。

由来、わが国民は清明心を尚び、裁きは神明のみそなわすところとしています。至公至平、以ってその任務を遂行し、至仁（しじん）の大御心に副い奉るのがわが司法裁判の本領であります。国民たるものは、この司法の本義を弁え、国法を尊重して、過ちに陥ることのないよう心掛けなければなりません。

帝国憲法は、国体に基づき、皇国の道に則とって、国家統治の大権を成文に於いて定めているものであります。しかし、国民生活は複雑でありますから、これに応ずるように、国憲に基づいて多くの法規が定められています。即ち、法律とか命令とかいわれるものがそれであって、両者を併せて法令といいます。法律は帝国議会の協賛を経て天皇の裁可し給うた法規であり、命令は議会の議を経ないで発せられる法規であります。法令は、国家の隆昌、公共の安寧（あんねい）、臣民の懿徳（いとく）・良能の発達やその慶福に寄せさせ給う大御心に基づくものであって、法令の根本は国憲であり、国憲の延長として法令があるわけであります。

国法は、以上のような精神に基づいて、国民の権利・義務を定めていますが、両者とも結局各人が皇運扶翼の本分を全うするために与えられた道であって、権利といえども濫用することは許されません。又、道義を無視して国法を悪用したり、法文の字句に拘泥（こうでい）して国法の真義にたがうようなことも、わが国法の根本の精神を発揮するものということはできません。国法は、国民が皇運扶翼の臣節を全うし、八紘為宇の肇国の精神を顕現し、そうして国民生活の秩序を正しく維持するために定められたものであります。それ故、道義に則とり、公益を重んじて、国法の精神を正しく発揮することが最も大切であります。私ども国民は、わが国統治の本義を深く体し、国憲・国法を重んじ、これに遵うのはいうまでもなく、各自の職分を尽くして、皇国無窮の発展に力を致さなければなりません。

大政の輔翼ということに就いて、国民として大切なのは、帝国議会の本領を理会して、衆議院議員の選出に十分に意を用いることであります。議会がその使命を全うするには、議員がその職責を尽くさなければなりません。随って、議員には、政治的識見や力量に秀でているばかりでなく、皇運扶翼の赤誠に徹した高潔の士を求めることが何よりも大切であります。私どもは議会の職責をよく弁えると共に、又、国家の現状と国策の向かうところに就いて深い認識をもち、国民としての自覚を深めることに努めなければなりません。

皇国の政治は、皇国の道の日常の貴賤と離れているものではありません。天皇御親政のもと、国民は斉（ひと）しく大政を翼賛し奉る者であるという自覚に立って、臣子（しんし）の誠を致さなければならないのでありますから、行政に就いても、官民一致を心掛け、皇国の政治行政の真価を発揮するよう努めることが肝要であります。殊に自治行政は、市町村を単位として一般国民の郷土生活と緊密不可分の関係をもつものであります。私どもはよくその本義を弁えて、国民としての務めを全うするよう心掛けなければなりません。

自治行政は、自治団体が官の命令監督を受け、国家の行政権の一部発動に就いて附与された権限内で、輔翼をなすものであります。随って地方自治の精神は、総べて国家目的を実現するために発揮されなければならないものであり、かりそめにも地方割拠の弊に陥るようなことがあってはなりません。各地方はその特色を生かしながら、互に相和して、地方行政の総合・連絡・調整に協力し、以って国家行政の一体化を図らなければなりません。地方行政官庁に地方行政協議会の設置されているのも、この趣旨を実現するためであります。又、部落会・町内会・隣り組などの隣保組織の活動も大切なものであり、国策を体して、防空防護・軍事援護・貯蓄増強・生産・配給等に重要な任務を果していあます。このような活動も、国民の自覚によって愈々活発となります。私どもはこの点をよく弁え、郷土の生活を通じて、それぞれの分を尽くし、皇運扶翼の大任を全うするよう心掛けなければなりません。

昭和十三年に公布された国家総動員法に基づいて、今や大東亜戦争完遂のために、諸種の戦時統制法令が公布されています。これらは総べて、肇国以来の皇国の使命を遂行して、大御心を安んじ奉るためのものであります。国家の総力を挙げて敵撃滅に邁進すべき時、私どもはわが国体に対する信念を愈々固め、国憲・国法に遵うことは固より、臣道実践の誠を日常生活の上に表して、皇国の政治を弥が上にも強力なものにするよう努めることが大切であります。

五　国防と家政

昭憲皇太后御歌（みうた）

何事も皆うちすてゝ戦（たたかい）の道にこゝろをつくすもろ人

万邦無比の国体に基づいて、八紘為宇の皇謨を顕揚し、世界平和を確立することは、わが肇国以来の大使命であります。この尊い使命を達成し、皇国無窮の発展を期するのが、実にわが国防の本義であります。随って、皇国の保全のために、外敵の侵入を撃退するばかりではなく、わが国策の遂行を妨害するものに対して、進んでこれを破砕しなければならない国防の意義は重大であります。

国防は、武力を始めとし、国家の総力に基づくものでありますから、各方面に亘って国力の充実を図り、これを国防の目的に集中して戦争に備え、戦わずしてその目的を達成し得るのが最良であります。しかし、もしも戦争の止むなきに至った場合には、国家の総力を挙げて戦争目的達成に邁進し、以って敵の戦意を消失せしめなければなりません。それ故、武力を発揮させるための備えである軍備は、実に国防の根幹であります。

わが国軍は、万世一系の天皇の親しく統率し給うところであって、皇威の宣揚、天業恢弘を以って使命とし、国民皆兵の精神によって建てられています。これを皇軍というのは、天皇御統率の軍であるからであります。陸海軍人に賜わりたる勅諭に、「我国の軍隊は世々天皇の統率し給う所にぞある」と仰せられてあります。帝国憲法には、「天皇は陸海軍を統帥す」とあり、統帥の本義は弥々明らかにされているのであります。

皇軍将兵は、日夜、陸海軍人に賜わりたる勅諭を奉体して、協心戮力、鋭意その使命達成に邁進しています。皇軍の威武が世界に輝いているのは、一に、将兵が大元帥陛下に対し奉る絶対随順の精神を以って、励精奉公の誠を致すのによるのであります。

わが国は、古来、皇威に靡かぬ者に対しては、これを訓え諭してその非を改めさせることに努め、かれらが自ら非を悟るのを待って、武力の満を持し、みだりにこれを放つようなことはありません。しかし、かれらがあくまでも非を悟らず、われに挑戦する時こそ、わが武力は断乎として発動せられるのであります。しかも、わが武力は仇なす敵を撃砕すると共に、万邦をして各々その所を得しめ、皇国の道に則とる真の平和を招来し、大和の世界を結びなすためのものであって、神武の名を以って呼ばれるのも決して故なきことではありません。

日清・日露の両役を始めとし、幾多の事変に皇軍は神武の精神を発揚して、東洋平和の確立に勇戦敢闘して来ました。今次大東亜戦争は、わが国を圧迫し東洋平和を攪乱して、世界制覇の非望を達成しようとして来た米英を相手とするものであります。皇国の民はこの征戦の意義をよく弁えて、敵撃滅に邁進し、以って大東亜建設の偉業を成就しなければなりません。

わが国に於いては、国民皆兵でありますから、国民の総べてが国土防衛のために戦うのは当然であります。皇国女子は、古来、父兄や夫を前線に送り、その心を心として、後顧の憂いなからしめ、以って戦力の増強に資して来ました。しかも、今次の戦争の規模が極めて大きいことと、科学技術の発達に伴なう科学兵器特に航空機の進歩したこととによって、わが国土もまた戦場となりました。国民は総べて戦争完遂のために動員され、一切の物資がまたこの目的のために集中活用されなければなりません。近代戦はもともと国家の総力と総力との決戦でありますます。それ故、国防に意を用いるに当っては、武力戦の完勝を目ざして、各方面に亘って国家総力の充実集中を図らなければなりません。即ち、思想・政治・外交・経済・科学・教育等の一切の力を尽くして敵を圧倒することが大切であります。決戦下の今日、一億国民は悉く奮起して、国家の総力結集に向かって邁進しなければなりません。一切を挙げて戦力増強へ、一億戦闘配置に就け、という叫びは、容易ならぬ時局に備えて国民の覚悟を促すものであります。

特に皇国女子としてここで深く考えなければならないのは、広く国民生活といわれるものが、わが国に於いては、各自の家の生活と密接な関係にあるという点であります。即ち、各自の家の生活が国防と不離の関係に立つものであります。私ども女子は特にこの点を正しく理会し、総力戦体制の確立、必勝不敗の国民生活の遂行という観点から、各自の家政に十分心を配らなければなりません。

各自の家政を、国家活動・国民生活の立場から処理するのは、既に学んだわが国の家の本義に照らして当然のことでありますが、従来、ややもするとこの本義を忘れて、個人本位或は家本位に家政を考えるようなことがないではありませんでした。特に大東亜戦争下国運隆替の分かれる今日、戦局の重大なことを思うならば、決してそのようなことは許されません。家政そのものが直ちに戦力の増強に結びつくのです。私どもはどこまでも国防力の充実という点から、家の生活を営むことに工夫を加え、これを実行に移すよう努めなければなりません。

一家の中心は、いうまでもなく家長であります。しかし、家長は通例外に出て働いているのでありますから、家政を担当して、日常の生活に於いて斉家(せいか)報国の努めを果すのは、主として主婦であります。随って、主婦の家政に対する識見・手腕の如何は、やがて、国家活動・国民生活に大きな影響を及します。

主婦たるものは、家政に携(たずさわ)るに当って、先ずわが国の家の生活が、国運の隆昌を期して、祖孫一体となり、又、家人一致協力して勉め励むところに、その本義があることを深く悟らなければなりません。このことを須臾(しゅゆ)も忘れず、家長を中心に、神を敬い、祖先を崇(たっと)び、わが家の美風を守り育て、わが子の教育に心を砕いて、忠良有為な国民を育成するよう努めることが大切であります。

現代戦は一面に於いて経済の戦であります。国家はおびただしい物資の消耗に対処してこれを補うばかりではなく、敵撃滅のためには、更に進んで生産を飛躍的に増大せしめるだけの力を備えていなければなりません。随って、経済力はそのまま戦力であるといってもよいほどであります。しかも、国家の経済力の強化にとって、家の経済がしっかりしていることが極めて大切であります。

武器・弾薬の生産に要する物資、国民の戦闘意志に少しの揺るぎも与えないように確保される生活必需品、又、その生産に要する物資、これらのものを最も有効適切に配置して、総合的な戦力を最大限に発揮しなければなりません。そのためには、家庭に於いても、個人本位の欲望を抑え、生計を切りつめて、物資の適正な配置に寄与しなければならないのであります。

古来、わが国は質素堅実な家の生活を以って美風として来ました。しかも、質素堅実な生活は、現在の重大な戦局のもとにあって、一層徹底され、物資の節約やその利用更生を通じて、積極的に戦力の増強に資するという国民的自覚に立って営まれなければなりません。激烈な決戦下、家庭生活に物資の乏しいのは寧ろ当然ともいえます。但し、質素堅実な生活は徒らに窮乏に喘ぐ生活ではありません。不撓不屈の気魄、堅忍持久の精神を堅持して、創意と工夫を十分に発揮し、耐乏の生活にも豊かな心と明かるい気持をもち続けるのが、真の質素堅実な生活であります。

配給制度は、物資を適正に配置して支障なく戦力を増強せしめると共に、国民生活を確保するものです。この精神を十分に体するならば、配給制度を乱す行為の許されないのは、容易に理会されるはずであります。私どもはこの点をよく弁えて、国民生活を正しく営んで、わが家の生活を明朗にするよう、常々工夫を続けなければなりません。

又、物資の節約と関連して大切なのは、貯蓄に努め、国債の購入に努めることであります。政府は尨大(ぼうだい)な戦費を主として国債を以って賄(まかな)います。政府の発行した国債は一旦これを日本銀行が引き受け、政府は日本銀行から受け取った紙幣を以って、戦争完遂のために必要な各方面の支払に当てるのであります。そのような紙幣は、畢竟、生産に従事する国民の所得となるのであり、一般に国民の収入はそれだけ増加します。しかし一方、戦争完遂のために物資は益々窮屈になって来ますから、もし国民各自が、質素な気風をもたず、節約を実行しなければ、手もとにある金を以って配給制度を乱してまで物を買おうとするような不合理なことが起り、国民生活を不安にします。まことに、貯蓄は単に一身一家のためばかりではなく、皇国経済のために一層大切なのであります。戦局の進むにつれて、戦費はまた急激に膨脹しています。物資を節約し、貯蓄に努めることも、並大抵では決して十分とはいえません。不抜の意志を以って、皇国無窮の生々発展のためにあくまでも敢闘するという心構えがあってこそ、始めて女子の任務は達成され得るのであります。

食生活に就いても、家族の体力を充実させて、戦力増強に事欠くことのないように、切りつめた中にも科学知識を生かし、創意工夫を凝らして、できるだけ栄養に気を配り、温かい心尽くしで家族を喜ばせる努力が大切です。不足をかこつよりも、与えられたものを感謝の心を以って生かし、創意を以って決戦下にふさわしい献立を工夫することが、女子の真剣な努力とならなければなりません。

特に大切なのは、乳幼児や児童の健康に留意して、極力これを守り育てて行くことであります。育児に就いて正しい知識を習得し、健かな少国民を育て上げるのは、決戦下特にゆるがせにすることのできない任務であります。

食生活と共に重要なのは、衣類に対する考慮であります。私どもの衣類に必要な繊維は、軍需資材として極めて大切なものでありますから、衣類を作る資材や労力はできるだけ節約して戦力増強に振り向け、又、紡績機械も軍需品の生産のために活用しなければなりません。そのために、私どもは衣類の新調を控え、或は退蔵衣類の利用更生に意を用い、或は親戚・知人や隣り組の人々が互に融通し合うなどして、保健に留意することが肝要であります。このようにすれば、質実剛健の気風はおのずから発揮されるのであります。女子の創意工夫が働いて、たとえ品は古るくとも、品位を落さぬ服装が整えられるならば、日常の生活にゆかしさが添えられることとなるのであります。

住居に就いてもいろいろと考えなければならないことがありますが、要は、保健・衛生という点に留意して、清潔を旨とし、又、戦時の覚悟を徹底して、簡素な生活をなし得るよう工夫することであります。

わが伝統の美風を生かして発達した隣り組組織は、配給その他に於いて、戦時下愈々重要な役割を果しています。家の生活は、隣り組の生活を通じて、国民生活に繫がるものであります。しかも、隣り組の生活を強化し、これを円滑に遂行し、国民生活の根をしっかりとしたものにして行くのは、主として主婦を始め女子の努めであります。隣り組組織の中に家の精神を生かし、生産・供出に、更に配給や防空に、一致協力、国民の総力を発揮するには、一億国民が、家族本位の利己心を捨てて、公益世務に竭くすという強い自覚をもたなければなりません。

今や、戦局はまことに重大であります。第一線将兵の敢闘に応え、尊い使命の達成を目ざして、生産や防空に、国民の総力を結集して、必勝の態勢を整えなければならない時であります。家内工業も、防空訓練も、総べて皇国を護りぬく大切な力であります。私どもは、家の生活、隣り組の生活をしっかりと固めて、国防の強化、戦力の増強に邁進し、そうして敵の野望を打ち挫いて、一日も速かに大御心を安んじ奉らなければなりません。

六　銃後の守り

重大な戦局のもと、銃後の務めは愈々容易ならぬものになって来ました。昔は戦争の規模も小さく、その形も今日のものとは違っていたので、これに対する女子の働きにはおのずから異なったものがありました。それでもなお、戦争に直面した皇国女子のりっぱな覚悟とみごとな奮闘ぶりは、青史（せいし）に謳（うた）われているものが少くありません。弟橘姫（おとたちばなひめ）を始めとし、大楠公夫人や菊池武時夫人など、私どもを奮起させる人々の事績は数多く伝えられています。日清・日露の両役にも、銃後の女子は目ざましい活動を示し、又、満洲事変に際しても、女子の働きはりっぱなものでありました。私どもはこの皇国女子の伝統の力を思い、更に、今次戦争の意義と重大な戦局とを思い、益々銃後の務めに邁進しなければなりません。

銃後の守りに任ずる者にとって最も大切なのは、征戦の意義をよく理会し、大君の御為に、皇国を護りぬこうとする確乎不抜の敢闘精神と必勝の信念とを堅持して、己が任務に邁進することであります。

銃後の国民生活をあくまで強力にするためには、国民の一致団結が何よりも大切であります。皇国国防の真義を弁え、挙国一致の実を発揮して、愈々戦力の増強、国民生活の強化に努めなければなりません。国民の一人々々が、健全な国民精神に基づいて、必ず戦争に勝ちぬくという鞏固な意志をもっているならば、どんな事が起ろうとも、国民の団結に聊かの揺るぎをも来たすはずはありません。戦争が愈々激しくなり、長期に亘るにつれて、国民生活の上に艱難辛苦の倍加して来るのは当然のことであります。この機に乗じ、敵は種々の謀略をめぐらして、国民の団結を弛（ゆる）め、戦意を失わしめようとします。そのような敵の乗ずる最大の隙は、国民の不平不満と、そこに萌（きざ）す敢闘精神の弛緩であります。私どもはかりそめにも、不平不満の心を起すようなことがあってはなりません。殊に直接衣食住の生活を担当する女子は、物の不足などで思わず愚痴を洩らしやすいのでありますから、そのようなことの決してないよう慎まなければなりません。軽佻浮薄な心は敵の謀略に乗ぜられる隙となることを弁えて、常に堅忍不抜の意志をもち、沈着冷静に身を持することが肝要であります。そうして、あくまでも事態を正視し、戦局をよく認識して、国民としての務めに励むことが大切であります。

銃後国民の今果すべき任務は、生産力を拡充して、戦力を増強することであります。生産力の拡充は、科学技術の進歩と共に、生産に携る者の精神と努力に俟（ま）つものであります。わが国勤労の精神は、赤誠を籠めて天皇につかえまつり、国力の充実を期するところにあります。私どもはこの勤労の精神を十分に理会して、兵器・弾薬の生産に全心全霊を打ち込み、一機一艦でも多く前線に送り、又一方、食糧の増産に挺身して、銃後の責務を果さなければなりません。前線将兵の辛苦敢闘を思うならば、私どもの日常生活は、未だ緊張に乏しいと言っても決して過言ではないのであります。

今私どもは、或は工場に、或は農村に、或はその他の職場に働いて、直接生産に従事しています。学徒動員の根本は、銃後学徒の熱誠に組織を与え、以って戦力の増強に資せしめるところにあります。私どもはこの点をよく弁えて行学一体の実を生かし、戦争完遂に邁進して、速かに宸襟を安んじ奉らなければなりません。

もともとわが国は国民皆兵の国であります。皇国女子は直接軍務に服することはありませんが、国家の危急に際して、皇国のために戦うことに、男子と少しの変りもあろうはずはありません。女子挺身隊の組織とその活躍も、このような皇国女子の自覚に基づいて要請されたものであります。私どもは、愛国の至情と自覚とを以って、これに協力を惜しまないよう努めなければなりません。

多数の男子が応召出征し、又、重要産業に従事しているため、女子が代って果さなければならない仕事は急速度に増加します。従来女子にはできないとされていた仕事でも、みごとに女子の手でやってのけ、中には女子の天分によって却って男子よりもすぐれた能率を挙げているものさえあります。直接軍需生産に係わりはなくとも、間接に戦力の増強、国民生活の確保に資する仕事は、率先、私ども女子の手によってりっぱに果すよう努めなければなりません。例えば、少国民の教育とか、交通・配給の仕事とか、数え上げればたくさんありましょう。又、女子でなければならない仕事、例えば保健婦とか或は青少年工員や女工員の寮母などの仕事も、極めて大切です。そうした方面に多数の女子が従事するようになり、しかも、天性を活用して、男子に劣らぬ成績を挙げるようになれば、銃後の守りはそれだけ強化されて来ます。

軍人援護事業がまた銃後の務めとして極めて大切なものであります。畏くも天皇陛下には、常に軍人援護に大御心を垂れさせ給い、不幸、傷ついた将兵に対しては、かねて御内帑金を賜うて軍人援護の資に当てられ、侍従武官・侍従・侍医らを屢々陸海軍病院に御差遣あらせられました。

皇后陛下におかせられても、皇軍将兵に対し、常にありがたい御仁慈を寄せさせ給うのであります。忠烈なる戦没将兵を悼ませ給うこと深く、又、その遺族に垂れさせ給う御心の厚きこと、傷痍軍人を労らせ給う温かい御心の畏きこと、更に出征軍人家族への思召しのほどなど、唯々感涙に咽ぶのみであります。かねて詠ませ給うた御歌に、

あめつちの神まもりませいたづきのいたでになやむますらをの身を

と拝します。傷痍の将兵に対し、御手ずから御製作の繃帯を始め、義手・義足・義眼を御下賜あらせられ、陸海軍病院に行啓あらせられるなど、陛下の深い思召しのほど、まことに畏き極

みであります。

国家は軍事保護院を設けて軍人援護に当っていますが、皇室の御垂範にならい奉り、私どもも軍人援護の精神を昂揚し、出征軍人・傷痍軍人に対して限りない感謝を捧げると共に、傷痍軍人の再起奉公に賛助と斡旋を惜しまず、又、軍人遺家族に対しては家庭の守りを援助して、共々に国民としての本分を全うするよう協力しなければなりません。戦没将兵や出征軍人の家庭に洗濯や裁縫の手伝いをしたり、又、保育所・戦時託児所に働いたり、或は共同炊事などを行なって遺家族の手助けをするのは、女子にとって最もふさわしい務めであります。軍人援護の務めは、固より国民一般の心掛けなければならないところでありますが、特に女子は、天性のやさしさと温かさを以って傷痍軍人や軍人遺家族に接し、そうして、協力一致、戦力の増強に資する力とならなければならないのであります。

日一日と戦局は重大となり、一億国民の総蹶起すべき時が来ました。戦陣訓に、

身心一切の力を尽くし、従容として悠久の大義に生くることを悦びとすべし。

とありますが、これは武人に与えられた訓誡であると共に、銃後を守る女子の生活訓ともいえましょう。古人は、「七難八苦を合わせて賜わり候え」とさえ言っています。

帝国は、自存自衛の為、蹶然起って一切の障礙を破砕するの外なきなり。

と仰せられた大みことのりを奉体して、尽忠報国の赤誠に燃え、皇国の使命を達成して、大御心を安んじ奉ろうとする私どもが、目前の困苦にひるんで自棄の心を起すようなことがあってはなりません。

しかも皇国女子は、家にあっても、職場にあっても、常に女らしいたしなみと温雅な心とを養うよう努めることが大切であります。男子に代って果敢に働くことと、常に女らしさを心掛けることとは、決して矛盾する事がらではありません。果敢な活動の中に優雅な心を養い、たしなみ深い挙措のうちに凛冽の気性を秘めているのが、皇国女子の真面目であります。私どもはこの根本の心構えを堅持して、皇国女子の美風である婦徳の涵養に努めなければなりません。私どもの女らしさと和やかさが、銃後の国民生活のうちに潤いと落ち着きを与え、それが又、人々の心に新しい力を呼びさまして、銃後の守りを愈々強固にすることができるのであります。

七　母の尊さ

わが子に慈愛の限りを注ぐ母の姿と心とは、子女に偉大な感化を与え、とこしえに忘れ得ぬ思い出を残し、感恩の心を呼び起します。往古、大君のみことのりを畏み仰いで、国土防衛の任に就いた防人も、

時どきの花は咲けども何すれぞ母とふ花の咲きでこずけむ

と歌って、母を慕う心を表しています。わが子のためには己を捨てて顧みない母の慈愛は、どうしてわが子に感激を与えずにおきましょう。

母の愛は濃やかに深いものでありますが、しかし世には、盲目の愛、溺愛といわれる類いの愛に陥る者があります。わが子のためによかれと願いながら、却って子の将来を傷つけるような愛をいうのであります。このような偏愛に陥るのも、偏に、母たるものがほんとうに皇国の道に徹せず、真の善悪に対して盲目なところから起って来ます。

わが国ぶりのありがたさは、家の生活、郷土の生活を通じて、皇国の道や尊い教えが伝えられています。随って、わが国の女子には、おのずから道を体得し、皇国の母として恥ずかしか

らぬ資質を具えている人たちが多いことは心強い限りです。そうして、このような母の育て上げた子女もまた忠良な臣民として国家の力となって行くわが国は、まことにありがたい国といわなければなりません。しかし、皇国の母として恥ずかしからぬ資質を具えるには、自覚に基づく修練の必要なことはいうまでもありません。私どもは皇国の母の真の姿に深く学んで、今から己を磨くことに努めることが大切であります。

皇国の民は、総べて天皇陛下の赤子であります。随って、わが子は、わが子であると共に、陛下の赤子として、国の宝であり、次代の皇国を背負って立つべき公の子であります。このようにわが子の「おおみたから」としての意義をはっきりと自覚する時、母の愛は更に大きく、更に深くならなければなりません。溺愛は、自己の恣な愛情によってわが子を私するものであります。又、盲目の愛は、わが子が陛下の赤子であることを弁えず、少国民としてのわが子の意義を悟らぬところに萌します。自然の情に発する母の慈愛は、皇国の道を自覚することによって、愈々深く、愈々広く、その尊い輝きを増すことができるのであります。

子女を正しく成育させるためには、母の慈と共に父の厳もまた大切です。母の慈愛は限りなく深く、又、温かいものであります。しかも、道のためには、母は不在がちの父の心を体して、やさしい中にも厳しくなければなりません。道のためにわが子を励ますこともできず、わが子の将来を思ってその過ちと我儘とを嬌め直すこともできない母は、真に皇国の母と呼ばれる資格はありません。わが子かわいさに叱正もせず、徒らに子を甘やかすのは真の慈愛ではありません。

橋本左内先生の母梅尾刀自は、先生が江戸へ出るに当って、嘗て幼い先生を訓え励ますのに用いた短い棒を与え、母の訓えを忘れるなと言って将来を諭されました。左内先生は国事に斃れるまで、尊い誡めの棒を肌身離さず持っていられたということです。母の真心籠めた慈愛の鞭ほど、子の心に深い感銘を与えるものはありません。しかし、子の成長の過程をも顧みず、叱責のみが育成の方法であると誤り考えてそれに終始することは慎まなければなりません。

吉田松陰先生の母瀧子刀自が鍬を持ち鋤を取って子供を励まされた一家の勤労生活が、質実剛健の気風を養い、兄弟姉妹の固い結合を深めたことは既に学びました。実際、松陰先生の兄弟は内輪喧嘩をしたことが曾て無かったと伝えられるほど、兄弟間の友愛が厚かったのであります。又、「平八郎、御奉公を大切に」という一語を遺言として、安らかにその一生を終えられた東郷元帥の母堂益子の九十年の生涯も、ゆかしく尊いものでありました。

このような深い慈愛によってわが子をりっぱな国民に育て上げるのは、畢竟、わが子を大君に捧げて、皇恩の万一に報い奉ろうと冀う忠誠心からであります。皇国の民は総べて、母の深く温かい慈愛に育てられた己が一身を、天皇陛下に捧げまつることを以って無上の光栄とするのであります。この光栄を己が光栄として、ひたすらに子女の慈育に努める姿こそ、まことに皇国の母の尊い姿といわなければなりません。

実に皇国の母は、掌中の珠とも慈しみ育てたわが子を君国に捧げ、公のためとあれば、ひたすらその働きの抜群なることを念願して来ました。母の慈愛はここに極まるというべきでありましょう。それのみでなく、苟もわが子が後れることのないよう、陰となり日向となり、或は諫め、或は諭すのが皇国の母であります。忍従の美徳を具え、しかも道のためには、凜乎たる気性を示してわが子を育成する母こそ、真に皇国の母といえましょう。大東亜戦争に於いて発揮されている皇軍将兵の敢闘の陰に、皇国の母の力のあることを思わなければなりません。

皇国の女子は、嫁しては妻となり、母となり、心身共にすぐれた多くの子女を生み育てて行くという重大な責務を担っているのであります。このことを思う時、私どもは、皇国の母となるべき資質の錬磨に瞬時の怠りもあってはなりません。皇国の道を愈々深く体得し、皇国臣民としての正しい情操を養い、婦徳を磨き、そうして、わが子の教育に当る深い識見を長養することが大切であります。しかも、皇国は今や各方面に於いて、創造に努め、国力を充実し、そうして、東亜の諸民族を率いて肇国以来の尊い使命の遂行に邁進しています。この重大な使命を承け継いで、皇国無窮の生々発展を期するには、固より次代の国民に俟たなければなりません。この国民を育て上げなければならない私どもは、自ら創意工夫の力を養うことに努め、科学技術を十分に習得して、使命の遂行に備えることが肝要であります。又、心身強健な母にして、始めて心身強健な子を育て上げることもできます。私どもは身体の鍛錬に努めると共に、修文練武に励んで、皇国の母の凛々しい気性を養わなければなりません。

私どもはここで最後に、山内達雄大尉の母の手紙を読んで、尊い母の雄々しい心を偲びましょう。山内大尉は、昭和十二年八月十六日、搭乗機に敵弾を受け、火焔を吐きながら雲中に突入、そのまま帰還しなかった勇士の一人であります。

九月六日附御芳書唯今拝受仕り、ありがたく拝見致し候。（中略）母たる私の身にとり候うては、まことに感慨無量のお便りにこれあり、わが子ながらよくも御国の御為に尽くしくれ候ものと、ひたすら感謝致しおり候。これ偏に教官殿の御薫陶の賜ものと存じ参らせ、厚く厚く御礼申し述べ候。この上は、達雄が霊魂とこしえに敵上空を天翔り、死してなお皇軍の御道しるべとして、忠節を励みくれ候よう念じおり候。
ここに皇運無窮を寿ぎ奉ると共に、皇軍の連戦連勝をお祈り申し候。

——何と力強い皇国の母の真面目を伝えた文字ではありませんか。

八　家庭教育

明治天皇御製

たらちねのにはの教（おしえ）はせばけれどひろき世にたつもとゐとぞなる

私どもが祖孫一体の実を挙げ、家の本義を発揮するには、家族一同が歩調を合わせて、尽忠報国の誠を捧げた父祖の心を心として、自己を錬磨し、忠孝一本の大道を貫ぬくことが根本であります。しかも、家の本義の然（しか）らしめるところ、家は教えの庭としておのずから子女を教化し、忠良有為な国民を育て上げるという極めて大切な務めをもっています。随って、家庭の教育は古来極めて大切なものとされて来ました。

孝謙天皇の詔に、

宜しく天下をして、家ごとに孝経（こうきょう）一本を蔵し、精勤誦習（しょうしゅう）し、倍（ますます）教授を加えしむべし。

と仰せられてある御言葉を拝するにつけても、家庭教育の大切な所以を愈々深く弁えなければなりません。

家庭の教育に於いて先ず大切なのは家風です。家風は、日常生活の隅々にまで行き亘って家族の精神や気風を作り上げ、その行ないに大きな影響を与えて行くものであります。随って、一家の家風の如何は、殊に年少の者の将来を左右し、次代の国民の精神や気風や行ないに大きな影響を与えます。私どもはこの点に深く鑑み、家風の振興に努めなければなりません。

いうまでもなく、皇国の道に則とって、一家長幼の序を正し、敬神崇祖の誠を捧げながら、一家団欒のうちに君国に報ずる精神を世々に伝えるところに、最もうるわしい健全な家風が生まれるのであります。又、敬愛・親和・礼節・謙譲の美風を日常生活に生かすことも、健全な家風を育てる上に極めて大切です。しかも、家風は国運の発展に即し、国民生活の実情に応じて、新しい識見と自覚とによって絶えず刷新され、振興されて行かなければなりません。総力戦下、特に留意しなければならないのは、質実剛健の気風を鍛え上げるということであります。質実剛健であって、勤労を喜び、むだを省いて節約に努める家風は、寧ろ、平時戦時を貫ぬいて、皇国の民の真面目を発揮するものとさえいうことができます。

更に、家風が言葉や文字の形をとって伝えられるものが、家憲や家訓であります。総べての家々に家憲や家訓があるとは限りませんが、古来すぐれた家庭教育を以って名の有る家には、多く家憲・家訓が伝えられているのであります。史上に有名な例を挙げれば、菊池一族の家訓である「菊池武茂起請文（たけもちきしょうもん）」に、武茂弓箭の家に生まれて、朝家に仕うる身たる間、天道に応じて正直の理を以って家の名を揚げ、朝恩に浴して身を立せんことは、三宝の御ゆるされをこうぶるべく候。そのほか私の名聞己欲のために義を忘れ恥を顧みず、常世にへつらえる武士の心をながく離るべく候。

と見えています。このような家訓が、純忠の志を伝えて、子孫を奮起せしめたことはいうまでもありません。中世武人の家訓には、早朝から夜半までの日常生活に関する規律事項を示したものが多く、いかに日常生活による修練が大切であるかを教えています。「朝はいかにも早く起くべし」と説き始めている「早雲寺殿二十一箇条」の如き、平凡に似て実は子女の教育に対する尊い訓えを含んでいます。更に、私どもは小楠公の受けた家庭教育などから多くのことを教えられるのでありますが、近くは、大陸の戦線に赫々の武勲を立て、山西討伐の際、遂に戦没された杉本五郎中佐の次の手紙も、りっぱな庭訓に数えることができましょう。

正兄さんに読んでもらえ。歩兵の進軍勇ましい。おとうさんもこんな所を進んでいるぞ。おかあさんの言うことをよく聞き、兄さんと喧嘩をしないように、正ちゃんをかわいがってやれよ。おとうさんが死んでも、りっぱな兵隊さんになって、天皇陛下に忠義を尽くすんだぞ。

忘れるな。毎日、天皇陛下を拝むことを忘れるなよ。おとうさんも、おかあさんも、正兄さんも、二郎ちゃんも、正忠も、三郎も、皆天皇陛下の子供だ。又、総べて何もかも、食う物も着る物も、皆天皇陛下から下されたものだ。食事をする前には、必ず手を合わせて、それからいただけよ。三郎ちゃんが天皇陛下を拝んでいる時は、おとうさんはいつでも三郎ちゃんと一しょに居るんだぞ。

八日

三郎君

家庭教育は、家族の者が生活を共にしながら、親の慈愛を以って子女におのずからなる薫化(くんか)を与えるところに特色をもつのでありますが、本来、学校教育とその目的を異にするものではありません。即ち、皇国の道に則とって、尽忠報国の赤誠に燃える皇国の民を錬成するということからいえば、家庭の教育と学校の教育との間には、少しの相違も無いのであります。唯学校教育は、家庭で果すことの困難な種々の事がらを、系統立てて、一定の機構のうちに行なうものであります。随って、家庭でも、よく学校教育の意義を理会して、これと緊密な連絡を保ち、愈々国民教育の実を挙げるよう努めることが大切であります。

家庭教育が学校教育にもまして受け持たなければならないのは、子供に対する躾の徹底です。

躾は、日常生活に於いて、厳しい中にも温かい親の慈愛を籠めてわが子を導くところに、最もよく行なわれるものであります。

しかも、躾によって、わが子に、善良な品性や剛健な精神、更に、美しい情操や正しい習慣を養わせるには、先ず親が自らその模範となることができなければなりません。殊に母は、常に子女に接して親しくその世話をする者でありますから、子女に与える薫化がまた父とは異なった深いものであります。吉田松陰先生は、「節母烈婦有りて、然る後孝子忠臣有り」と言われました。私どもは自ら省み、皇国の母たる根本に培うと共に、日常の挙措に心を配って、やがて子女にりっぱな模範を示すことができるよう修徳に努めなければなりません。「子は親のかがみ」とも言われています。この俚諺の深い意味を考えて、親としての修養に努める時、始めて正しい家庭教育の担当者となることができるのです。又、家庭生活全体の中に、科学的に思考して物事を正しく処理する習慣を養うことが大切であります。特に母となっては、不断の生活に絶えず創意工夫を加え、又、科学知識に対する探究の心を深めて、習得した知識を家事に活用するよう心掛けなければなりません。

家庭に於いて、子供の抱くいろいろの疑問を解決する教師は、多くの場合母であります。母は子供の微妙な心の動きを捉えて、それを忍耐強く正しく導き、更に進んで子供に探究の心を深めさせるよう努めなければなりません。「啐啄同時」という言葉があります。これは、雛鳥が孵化して、卵の中から殻を破ろうとしてつつくのと、母鳥が外から殻をつついて破るのと同時であるということを言った言葉でありますが、母の子女を導く心はまさにこのようなものであるべきです。又、母なればこそ、この機微の心もおのずから具っているのです。子女の科学訓練は、子供の知ろうとし、作ろうとする意欲を、温かく忍耐強く育てる母の慈愛によって、始めて正しく行なわれることを忘れてはなりません。これを育てて行く方途に就いて十分工夫を凝らすことは、私ども女子の務めであります。母が、自分勝手な都合や怠惰心から、子女の探究の心や創意工夫の芽を枯らしてしまうことがあっては、それこそ母として国家に対して申しわけないことといわなければなりません。家庭教育のためには、まさに母子同行、常に新しい知識を吸収して、子女の育成に遺憾のないよう不断の精進を続けることが大切です。

大東亜戦争下、戦局の推移に伴なって、家の生活も形の上ではいろいろ変らなければならないことも起って来ます。しかし、いかなる場合にも、わが国ぶりに基づく家の本義に変りのあろうはずはありません。随って、家庭教育もその根本の精神を愈々高めて、戦時平時を貫ぬく子女の鍛錬にその全力を発揮すべきであります。皇国護持の一念に徹して、無窮の生々発展に寄与する国家有用の人物を育成することこそ、実に私ども女子の最大の誇りであります。この点をよく考え、自覚を深めて、日常不断の修練を続けなければなりません。

詔勅

以下の詔勅は省略。『[復刻版] 高等科修身 男子用』を参照。

陸海軍人に賜わりたる勅諭(軍人勅諭)
教育に関する勅語
青少年学徒に賜わりたる勅語
米国及英国に対する宣戦の詔書

神武天皇橿原奠都の詔

我東に征きしより茲に六年になりぬ。皇天の威を頼りて、凶徒就戮されぬ。辺土未だ清らず、余妖尚梗しと雖も、中州之地復風塵なし。誠に宜しく皇都を恢廓め、大壮を規摹るべし。而るに、今運屯蒙に属い、民の心朴素なり。巣に棲み穴に住む習俗惟れ常となれり。夫れ大人の制を立つる、義必ず時に随う。苟くも民に利あらば、何ぞ聖造に妨わん。且当に山林を披払い、宮室を経営りて、恭みて宝位に臨み、以て元元を鎮むべし。上は則ち乾霊の国を授けたまう徳に答え、下は則ち皇孫の正を養いたまいし心を弘めん。然して後に、六合を兼ねて以て都を開き、八紘を掩いて宇と為んこと、亦可からずや。夫の畝傍山の東南橿原の地を観れば、蓋し国の墺区か、治るべし。

【口語訳】

私が東征の旅に出てから、すでに六年が過ぎた。その間、天津神の御威光のおかげで、凶徒は退治された。しかし辺境の地は未だ治まらず、残りの賊徒はなお頑強ではあるが、この大和国のあたりには、もう騒ぎもない。そこでここに都を開き、御殿を造営しよう。まだ世の中は開けていないが、民の心は純朴で、樹の上の小屋や穴の中に住むことが習わしになっている。

そもそも聖人が定める制度は、時勢に適した正しい道でなければならない。万民に利益があることならば、どんなことでも聖人の事業として間違いはない。そこで山林を伐り開き、皇居をつくり、謹んで皇位につき、そうして万民を治め、上は天津神がこの国をお授けになった御徳に報い、下は皇孫が万民を正しく教え導いた御心を広めていこう。その後に、国々を統一して都を開き、天下を一つの家のようにするのもまた素晴らしいことではないか。見渡せば、あの畝傍山の東南にある橿原という地は、国の奥深くにある安住の地のようだ。そこに都を定めることにする。

五箇条の御誓文　（明治元年三月十四日）

一、広く会議を興し万機公論に決すべし
一、上下心を一にして盛に経綸を行うべし
一、官武一途庶民に至る迄各其志を遂げ人心をして倦まざらしめん事を要す
一、旧来の陋習を破り天地の公道に基くべし
一、智識を世界に求め大に皇基を振起すべし

我国未曾有の変革を為んとし
朕躬を以て衆に先んじ天地神明に誓い
大に斯国是を定め万民保全の道を立てんとす
衆亦此旨趣に基き協心努力せよ

【口語訳】
一、国の政治は、広く会議を開いて、多くの者が認める方針に従って決めよう。
一、上に立つ者も庶民も、皆心を一つに合わせ、積極的に国政を行おう。

一、文官、武官から庶民に至るまで、各自が志し望むところを遂げさせ、人々に希望を失わせないことが肝要である。

一、古い悪習を捨て、正しい道理に基づいて行動しよう。

一、智識を広く世界から求めて、大いに皇国の発展を図ろう。

我が国に前例のない大改革を行うに当り、私はまず自分自身から民衆に先だって、天地の神々に誓いを立て、重大な決意のもとに国の政治の方針を定め、万民を守る道を確立しようと思う。国民もこの趣旨に基づいて、皆心を合わせ努力してほしい。

憲法発布勅語

朕、国家の隆昌と臣民の慶福とを以て中心の欣栄とし、朕が祖宗に承くるの大権に依り、現在及将来の臣民に対し、此の不磨の大典を宣布す。

惟うに、我が祖我が宗は、我が臣民祖先の協力輔翼に倚り、我が帝国を肇造し、以て無窮に垂れたり。此れ我が神聖なる祖宗の威徳と、並に臣民の忠実勇武にして、国を愛し公に殉い、以て此の光輝ある国史の成跡を貽したるなり。朕、我が臣民は、即ち祖宗の忠良なる臣民の子孫なるを回想し、其の朕が意を奉体し、朕が事を奨順し、相与に和衷協同し、益々我が帝国の光栄を中外に宣揚し、祖宗の遺業を永久に鞏固ならしむるの希望を同くし、此の負担を分つに堪うることを疑わざるなり。

【口語訳】

私は、国家の繁栄と臣民の幸福を心からの喜びとし、私が祖先より受け継いだ国家統治の権により、現在と将来の臣民に対し、この憲法を宣布する。

思うに、我が祖先の神々と歴代天皇は、臣民の祖先の協力によって我が帝国を造り上げ、これをずっと伝え続けてきた。

我が神聖なる祖先の威徳と、国のために命を惜しまない、忠実で勇敢な臣民によって、光り輝く国史が遺されてきたのである。

我が臣民は歴代天皇を助けてきた忠良な臣民の子孫なのだから、私の考えをよく理解し、皆一致協力して我が帝国の栄光を国の内外に知らせ輝かし、必ずや私と共に先祖の偉業を永久に鞏固なものにしようと努力してくれるであろう。

紀元二千六百年紀元節の詔書

朕惟うに神武天皇、惟神の大道に遵い、一系無窮の宝祚を継ぎ、万世不易の丕基を定め、以て天業を経綸したまえり。歴朝相承け上仁愛の化を以て下に及ぼし、下、忠厚の俗を以て上に奉じ、君民一体以て朕が世に逮び、茲に紀元二千六百年を迎う。

今や非常の世局に際し、斯の紀元の佳節に当る。爾臣民宜しく思を神武天皇の創業に騁せ、皇図の宏遠にして皇謨の雄深なるを念い、和衷戮力益々国体の精華を発揮し、以て時艱の克服を致し、以て国威の昂揚に勗め、祖宗の神霊に対えんことを期すべし。

御名御璽

昭和十五年二月十一日

国務各大臣副署

【口語訳】

私が深く考えるに、神武天皇は、神代から伝わる正しき道に遵い、永遠に続く皇位を受け継がれ、いつの世までも変わることのない皇国の基を定め、我が国を統治された。歴代天皇はその事業を受け継がれ、深い仁愛の大御心を万民に垂れさせられ、万民は忠義に厚い習わしによって天皇に仕え、君民一体となって、私が治める世まで来て、ここに紀元二千六百年を迎えたのである。

今や並々ならぬ時勢であるが、この紀元節の良き日が到来した。臣民よ、どうか神武天皇がお始めになった事業を偲び、その理想や計画が如何に遠大で、如何に深いものであるかということを思い、皆心と力を合わせて、なお一層我が国柄の輝きを増し、今後の難局に打ち克ち、我が国の威光を高めることに努め、皇祖皇宗の御霊(みたま)に報いるよう心掛けてほしい。

附録　中等修身　男子用

女子用および『復刻版 高等科修身 男子用』と
重複しない章のみ収録

中等修身　一　男子用

六　至誠

至誠とは止むに止まれぬ真(まこと)の心をいう。誠がなければ、何事も成し遂げることはできない。誠を以って行なえば、何人の心をも動かすものである。

吉田松陰先生は、「人には唯一つの誠がある。誠によって君につかえれば忠、父につかえれば孝、友に交われば信。いろいろと名は異なっていても、つまるところ一つの誠である」という意味のことを述べていられる。われらは、自分一個で生活するものではない。国体の尊厳を思い、自分本位の小さな私情を打ち捨てて、ひたすらに大御心のほどを奉体し、君国のため身命を捧げてこそ、われらの進むべき大道は開かれる。しかも、この大本に立って、親子・兄弟・夫婦・師弟・朋友それぞれの分に従い、己が分を守り、人に対しては恭敬(きょうけい)親和の心を現す時、正しい国民生活は成り立つのである。至誠とは、即ちこれを貫ぬくものにほかならない。

物事を学ぶに当っても、誠の心がなければ、真実に触れることはできない。曇った鏡は、物の姿を正しく映すことができないように、自分の利害を考えて、心の眼を曇らしている者には、物の正しい姿がつかめない。昔から刀匠は一ふりの刀を鍛え上げるにも、仕事場に神を祭り、身を潔め、心を洗って、一槌々々に精魂を打ちこめた。この習わしは今に伝わっているが、神かけて誠になりきった心が物の神髄に徹して、始めてみごとな刀が出来上るのである。

知識・技能はもとより大切である。しかし、心を誠にすることが、その根本でなければならない。われらが学ぶ場合にも、この心掛が最も大切であって、真実に触れることができなければ、学んでも無意味である。又、心を純一にして学ばなければ、学んだこともおろそかになる。己を空しゅうして師の教えに従い、正しくものを考察処理して、始めて生きた知識が得られる。そういう知識が、皇国のため真に役立つものとなるのである。

軍人勅諭に、

> 心誠ならざれば、如何なる嘉言も善行も皆うわべの装飾にて、何の用にかは立つべき。心だに誠あれば、何事も成るものぞかし。

と仰せられた。われらは聖旨のほどを畏み仰いで、内に深くかえりみるところがなければならない。

古人は、「至誠神に通ず」とか、「精神一到何事か成らざらん」とか言った。凡そ、われらが私心を捨て、正を執って一心不乱に事に当る時、達成し得られないものはないのである。利己の心にとらわれる者は、常に狭い天地に閉じ込められ、自己以上のもののために心を燃やすことができない。自己のためのみを図り、自己を取りつくろって、少しでも人によく見せようとし、又、心にもないことを言ったり、行なったりするのは、誠に欠けるからである。

「まこと」とは「真言」の意であるともいわれるように、嘘言は誠を失う始めである。司馬温公は、「誠を養わんと欲せば、妄語せざるより始めよ」と言った。又、「独りを慎む」という教えも、古来の金言である。人が見ていようといまいと、常に自分にかえりみて、やましくないように言行を慎むならば、おのずから、そこに誠の心が培われるのである。生まれつきや境遇に由来する我執を去り、神に通ずる純情無垢の誠に達するためには、不断の修養を怠ってはならない。己ひとり善しとするような思い上りは、決して誠ではない。よくよく心して厳しい反省を重ねることが大切である。

自分を中心として私欲を図る心は、わが国では、昔から黒い心、穢れた心として、これを祓い浄めることに努め来たった。われらは神社に詣で、神殿に向かって拝礼する時、神々しさに打たれて、すがすがしい清らかな心にならずにはいられない。このような心が、即ち至誠であって、それは明浄・正直を求めるわが国民性に由来するものである。宣命その他に、

明かき浄き直き誠の心
清き明かき正しき直き心

という言葉がくり返されており、ここに、皇国臣民本来の真面目がある。昭和の聖代に生をうけたわれらもまた、この祖先の人々の履み行なって来た道に従って、益々謙虚な気持で神前に額ずくと共に、又、至誠神に通ずる実を挙げなければならない。

中等修身　二　男子用

二　知と徳

教育に関する勅語には、

学を修め、業を習い、以て智能を啓発し、徳器を成就し

と仰せられ、以って天壌無窮の皇運を扶翼すべき旨、諭させ給うてある。又、国民精神作興に関する詔書には、

宜(よろし)く教育の淵源(えんげん)を崇(たっと)びて智徳の並進を努め

と宣(のたま)わせられてある。このような聖旨の奉体こそ、学問に励む者の片時も忘れてはならないところである。まことに学問の意義は、知識・技能を研磨すると共に、徳操を高めて、正真(しょうしん)の皇

国民たらんと精進するところにある。

われらが学校生活に於いて、知識・技能の習得に努力しなければならないことはいうまでもないが、知識・技能の習得が単なる博学に終り、或は籠手先の技術にとどまるものであってはならない。常に一点の曇りもない明かき浄き心を以って学問に励み、至誠奉公の初一念を貫ぬかなければならない。わが国では、昔から、技芸の習得でも、技を通じて道を体得するのが、ほんとうの稽古であるとされて来た。現に茶道や華道でも、技を通じて、人として生くべき道に達することが、その至境となっている。皇国の道を深くわきまえ、わが国運の隆昌を祈って日夜いそしむわれらの学問が、唯知識を積み、博学を誇るということだけで尽きてよいはずはない。

学問に励むためには、固より好学の熱情が大切である。しかし、自分本位の興味にのみたよって勉強するのでは、いつまでたっても学問の真義をつかむことはできない。われらは常に、自分の勉学が君国を思う赤誠に出て、ひたすら皇国発展のために心身を砕くべきものであることを、十分わきまえておかなければならない。

古来、「文武岐れず」といわれている。このように、われら文に励み、知識・技能の習得に精進する者は、尚武の精神を練り、徳操を高めて、大義に徹する剛健な気性に培わなければならない。いかに学識が豊富であっても、義勇の心なく、皇国の道に背くものがあれば、その学問は全く無意味である。或は先哲の精神や英雄の気魄に触れ、或は事物・現象の真相に接するのは、畢竟、尽忠報国の誠を磨くためであり、かくてこそわれらは、真に有徳の士となることができる。そのためには、学問する態度の中に、常に真剣味と真面目を失わないようにする平素の心掛が大切である。

大学者であると共に有徳の聞えの高かった広瀬淡窓先生は、咸宜園という塾を開いて、弟子数千人を薫陶された。或る日、弟子の一人が、先生の嗣子林外の机上に落書をしたことがある。折からそこを通りかかった先生は、その落書に目をつけて、早速林外を呼び、訓戒を与えられた。

「城を大事にするのが武士の本分である。武士の城と学徒の机に何の異なるところがあろう。居城を侵されて武士の体面が立つか。要は汝平素の不徳の然らしめるところである。爾今、きっと慎まなければならない」

これを耳にした右の弟子は、深く己の行為に恥じ入ったという。

毅然たる修徳の心掛なくして、徒らに学問を弄ぶとすれば、文弱に流れて、大丈夫の風格を養うどころか、実行力を失い、空理空論に走って、何ら役立たなくなる。中江藤樹先生の「翁問答」の中に、心明らかに行儀正しく、文武かねそなわるように、思案工夫するを正真の学問とす。かくの如く、心明らかに行儀正しく、文武かねそなわる人をよきさぶらいとゆるすことは、あまねく人のわきまえたることなれば、学問はさぶらいのしわざにして、なさでかなわぬこと、いわずして明白なり。

という言葉がある。以って深く味わうべきであろう。

修徳に努めるために特に心すべきは、自分の学識を誇るような思い上ったふるまいを戒めることである。このような心が微塵でもあれば、とかく人と競う心が強くなり、自分の学問をなるべく秘しておき、いつかはそれを以って人を驚かし、名を顕(あらわ)そうとするような小我にとらわれ易くなる。不遜な心は、学徳の向上に最大の障碍となるばかりか、国家全体の学問の進歩を妨げるに至る。真に学問の道に徹した人は、極めて謙譲であり、学問上の協力というううるわしい精神に溢れている点に就いて、深く考えなければならない。つつましい心を以って師に問い、謙虚な態度を以って学ぶ者のみが、ほんとうに学問の尊さを体得することができる。

淡窓先生は机を大切にすることを教えられた。われらは更に、書物に対して、一層敬虔(けいけん)な心をもたなければならない。良書は幾多の偉人・先哲が実行し、思索し、創作した跡である。これに導かれて、或は雄渾高雅な魂をわが内に芽生えしめ、或は真実に徹する心ばえを養うのが読書の効である。書物を選ぶには、師や先輩に尋ねて努めて良書を求め、これを粗略にすることなく、眼光紙背に徹して、根本の精神に触れなければならない。

このようにして、知識・技能の習得に努力しながら、日々自分の行ないを反省して、道にもとるところがないかどうかを固く戒め、過ちあればこれを改めて、善に進むように心掛けなければならない。論語に、「過ちては則ち改むるに憚ること勿れ」とあるが、それは決して容易にできることではない。自分の過ちを率直に認め、これを改めるためには、真の勇気がいる。われらはこの勇気と謙譲の心とを以って、不断に学業にいそしむことが大切である。

三　戦力の増強

大東亜戦争は、一面に於いて生産戦であり、科学戦であるといわれている。決戦に次ぐに決戦を以ってするこの激烈な戦争は、生産力の尨大（ぼうだい）を誇る敵米英を相手とするものであり、しかもわが国は、同時に、大東亜の建設という堂々たる大事業を敢行して行くのである。いずれの方面をみても、兵器・弾薬そのほか種々の物資のおびただしい生産が必要であり、又、刻々にその進歩発達を図ることが必要である。第一線に挺身する皇軍将兵に、兵器・弾薬の憂いあらしめてはならない。更に、大東亜建設のために必須の物資を、できるだけ速かに、又、できるだけ豊富に整えなければならない。われらはここで、戦力の増強ということに就いて、根本的に思いを致すべきである。

顧みれば、明治以来、わが国産業・経済の発達は、まことに目ざましいものがあった。特に支那事変以来、わが国上下を挙げて、生産力の拡充ということが、強く叫ばれて来た。昭和十六年十二月八日、宣戦の大詔が渙発（かんぱつ）されるや、国民は詔を畏み仰いで、愈々生産増強に邁進し始めたのである。敵撃滅のため、われらは兵器・弾薬はいうまでもなく、航空機・船舶・鉄・石炭その他の超重点産業と呼ばれるものを中心に、武力決戦に必要な物資を確保し、戦力を高めるように努めなければならない。

戦力増強のためには、労働力の増加が極めて大切である。しかし、労働力の根本には、更に力強い精神的な気魄がなければならない。つかえまつる赤誠と、不撓不屈の敢闘精神がなければならない。これと結んで、われらは平素の生活中にも、既に学んだ勤労の意義を深く体現するよう努めることが大切である。

教育に関する勅語には、修学・習業を努めよと仰せられ、次いで、

　公益を広め、世務（せいむ）を開き

と諭させ給うてある。又、国民精神作興に関する詔書に、

　入りては恭倹勤敏（きょうけんきんびん）、業（ぎょう）に服し産を治（おさ）め、出でては一己（いっこ）の利害に偏（へん）せずして、力を公益世務に竭（つく）し

と宣わせられてある。聖旨の深遠なる、われら国民は上下心を合わせ、生産力の増強に向かって、一路邁進しなければならない。

実に、国民一切の生業（なりわい）は、決して自己一身の利を図るためのものではなく、総べて皇国発展

のために捧げらるべきものである。国民の一人でも、この根本の意味を悟らず、一身の利害を顧みて、国家のことを思わないようであれば、それだけ国力は低下せざるを得ない。戦力の増強を図るに当っても、われらは青少年学徒に賜わりたる勅語の御趣旨を奉体し、特に国本に培い、国力を養って、国家隆昌の気運を永世に維持しようとする心掛がなくてはならないのである。

政府は、既に昭和十三年四月以来、国家総動員法を公布して、国家目的を達成するため、国の全力を最も有効に発揮させようと努め来たっている。大東亜戦争の完遂は、一通りや二通りの努力で期待し得られるものではない。幾たびとなく繰り返されて行く熾烈(しれつ)な戦闘に備えて、戦力の増強は愈々高められなければならない。そのためには、各種の統制や企業の整備が大切になり、全体の総力戦体制が真にむだなく、相剋(そうこく)なく発揮されるようにならなければならない。更に又、国民の徴用も必要である。われら国民は、国家のためには、命ぜられるところに従って、欣然これに応ずるというきっぱりした決意をもたなければならない。至誠尽忠の精神は、このようなところに、熱火の如く燃え上るべきものである。

至誠尽忠、献身奉公の精神は、更に、科学技術の進歩発展にも向けられる必要がある。科学技術の進歩発展こそ、即座に戦力の増強と結びつくものである。兵器・弾薬その他の物資の性能を高めるためにも、科学技術の工夫創造は絶対に必要である。しかし、模倣は極めて容易であるが、創造は非常にむずかしい。われら青年学徒は、易きを捨てて好んで難きに就くの気魄を強く養い、科学技術の進歩発展にも、大いに寄与しなければならない。

固より創造の精神は、先人工夫の跡を見極めることによって深く培われる。われらは、そのため古今の史実に就いて考え、中外の情勢に鑑みて、いろいろの事がらを学びつつ、思索を精密にし、識見を長ずるよう心掛けることが大切である。一身を顧みず、君国のため、工夫創造に努力した幾多先輩の尊い業績をしのぶ時、われらもまた、衷心から奮起せずにはいられなくなる。

東北帝国大学教授であった市原通敏博士は、かねて軍用車輛用特殊地金の理論的研究と、車輛特殊緩衝装置のすぐれた研究によって知られ、軍の委託によって理論的研究に当ると共に、陸軍兵器行政本部囑託として、熱心に軍の研究に携っていられた。昭和十八年八月、特殊緩衝装置の研究が既に完成したので、野外で運行試験を行なうこととなり、軍の研究員と行動を共にしているうち、試験最終日の八月十九日、不幸殉職されるに至った。実に博士は、危険な試験を自ら行なって、その研究の結果を最後まで見届けなければ止まなかったのである。市原博士は死に至るまで、「どうか、この研究を一日も早く完成して、戦争に勝ってください」と言い続けられたという。

研究には勇気がいる。病源と戦って新しい治療法を発見する医学者の如きも、第一線に敢闘する将兵の精神さながらに、生命を賭する旺盛な研究心に燃えなければならない。しかも、発明・発見は、一個人や一研究所・一会社のものとして考えるべきでなく、一切は君国のために捧げらるべきものである。このためには、みんなが協同一致の実を挙げ、私利を離れ、小さな名誉心を捨てて、共々に研究を進めて行く心構えが、絶対に必要である。われらもまた、学校で大いに共同研究を進めて、切瑳琢磨、愈々工夫創造の精神を鍛え、科学技術の進歩に寄与せんことを期し、以って戦力の増強に挺身しなければならない。

七　郷土

江戸時代末葉から明治の初年にかけて、農事改良に尽瘁した中村直三翁は、文政二年大和の永原村に生まれた。中村家は、翁の曾祖父伝助の代に、一時非常に困窮したことがある。村の人々はこれに同情して、村費を割いて援助することを惜しまなかった。祖父の善助は感奮して家業に励み、先代の借財を返済して、家計を立て直すようになった。

「これもひとえに村方一同のお蔭である。この恩に報いるには、村の農事を改良して、増産を図らなければならない」

善助は固く心に誓って、稲の品種の改良に着手した。直三翁の父も、父祖の受けた恩を心から感じ、勤倹に努めて、村の貧しい人々の救済に当った。

翁は、このような父祖の血を承けて生まれたのである。少年の頃、文武の道に励んで、勤皇の至誠と敬神の念に徹した翁は、成年に及ぶや、父祖の志を継いで、農事改良のため全生涯を打ち込む決心を固めた。殊に、天保の大飢饉に村中が非常に苦しんだのを目撃して、愈々その志を堅くしたのであった。

農事の改良は国を富ます最良の方法であり、中でも稲の品種を改良して米の増収を図ることは、特に大切である。翁はそう考えて、一途にこの目的達成のために、肥料の自給方法或は農

中村直三翁

作物の栽培を実地に就いて調べ、また旱害・水害の防止に志し、いろいろと研究して得た方法を村民に奨励した。更に、「勧農微志」という一書を著して、これを村民一同に頒ち、或は試験田を作って、綿密な調査の結果得られた優良苗を、惜しげもなく、村民に無償で提供し続けたこともある。

かつて翁は、勤皇の志士梅田雲浜先生と、大和の一旅宿に語り合ったことがあった。雲浜先生はその人物に感じて、頻りに仕官を勧め、推挙の労を取ろうとまで説いたが、

「自分はどこまでも郷土のために働いて、村に御恩報じを致したいと思います。又、これがお国に尽くす道だと私は信じます」

と言って、固辞して受けなかった。皇国農民としての本分に徹して、郷土と固く結ばれた翁の生活は、やがて日本の国土に深く根をおろした。明治の大御代になってから、翁は広く国内の各方面に招かれて、農事改良のため、その指導に当るようになったのである。

翁の郷土愛は、全く尊皇至誠の念に貫ぬかれたものであった。農事に励みながら、他方では

皇国の恵みに就いて人々を教え導き、或は講話により、或は自ら作った和歌や俚謡によって、郷土の風教刷新に努めたこともある。わが国と清国との国交が危くなった明治七年、翁は五十を越えた身で従軍志願をし、又、明治十二年、再び日清の両国間に険悪な空気が漂った時、翁は任地から嗣子に宛てて、

泰平の御代には、人々の饑寒の憂いなきよう一心不乱にその作法に力を致し、御大切の事ある時は、御恵みによりて生き長らえたる命を返上申すよう覚悟致して然るべく候。

という手紙を書き送ったのであった。

畏くも明治天皇は、明治十五年、東京に農産物の共進会が開催された折、同会場に於いて、翁に破格の拝謁を仰せつけられ、特別名誉の金賞牌並びに金一封を下し賜わった。翁は感泣して帰郷の後、これを己一個の光栄と誇らず、恩顧ある人々の霊を祭って、厚く感謝の意を表した。今、永原には年ごとに豊かな稲穂が波打って、直三翁のうるわしい愛郷心をたたえている。

「地を離れて人なし」という吉田松陰先生の言葉がある。われらは郷土の山野にはぐくまれ、郷土の人々に感化されて大きくなった。われらの祖先は、郷土の土地を愛して互に相和し、うるわしい伝統を作り上げて来た。郷土の風習や伝統は、総べて祖先の生活からにじみ出たもの

であると共に、又、われら子孫を育て、郷土を発展させる基である。故に、われらがこの伝統を尊び、土地に無限の愛着を覚えるのは、そのまま祖先の心に帰り、その心を正しく生かして、わが国民本来の真面目を発揮することにもなる。

国土・山川・草木は、国民と共に神の生み給うたものである。即ち、国土・国民同胞というわが国神話の示すところに従って、国民は、自分を国土と一体であると信じている。それ故にこそ、国民感情の中には、おのずから国土親愛の心がこもっているのである。しかも、わが郷土は国土の一部分であり、郷土によって、われらは国に固く結ばれている。わが郷土を懐かしみ、父祖を慕う心は、国を思う念に通じて、烈々たる愛国心となって、どこまでも国土を護りぬこうとするに至るのである。

醇風美俗（じゅんぷうびぞく）は全く土から生まれる。鎮守の森を中心に拡げられている人々の生活。護国神社に詣でて尽忠報国を誓う精神。ここに郷土の強く逞しい姿が見られる。われらは、このような郷土の醇風美俗を守って、国民生活の健全な発達を図らなければならない。例えば、古来の習わしに従って、食物も努めて郷土に出来た作物を選ぶようにすれば、最も実際に即することにもなり、それはやがて、国家全体のために大きな寄与をすることにもなるのである。われらの家は、郷土という強いまとまりの中に長い生命を保って、健かに続いて来た。家の生活を郷土と結んで考え、郷土を又、国家の立場から思い、国家・郷土・家一体の生活を強めて行くことが大切である。

郷土を愛するのは、徒らに方言に執着したり、お国自慢に堕したりすることではない。家を思い、国を思う心で郷土の産業を興し、益々その気風を高めて行くのが、ほんとうの郷土愛の発露である。それは極めてじみな仕事であるが、国家全体にとって大切な奉仕である。

郷土愛を失えば、われらの足は国土から離れてしまい、いつの間にか個人本位の無責任な考え方をするようにもなる。異郷に住み、異郷に働いても、常に新しい活動の力を与えるものは、故郷を慕い、郷土を思う心である。われらは、郷土に居てはその恩の深さを謝し、又、離れては郷土のかおりを胸に抱いて、同郷の人々と共に健かな生活を営むように心掛けなければならない。

十　雄大な気宇

東亜の先覚浦敬一は、長崎県の平戸に生まれた。初め藩校維新館に学び、その廃止された後は、憂国の儒者楠本端山の門に学び、日夜精励恪勤、万巻の書を読破して、大いに学識を養った。敬一は幼少の頃から、英気溌剌として同輩を凌いでいたが、明治十二年、平戸警察署巡査を拝命して、他日雄飛の期を待った。十四年に、東都に遊学し、専修学校を卒業した敬一は、その後もなお勉学を怠らず、或は参禅して人格を磨き、或は諸地を歴遊して大成を期することに努めた。

当時、わが日本は東海の一孤島と目され、維新の大業未だ完成の域に達していなかったため、欧米人の眼中には全く日本なく、かれらは支那本土さえ経略すれば、日本は一兵に血ぬらずとも、これを屈服させることができるものと考えていたのである。浦敬一はこのような時代に生をうけて、皇国の前途を深く憂え、いかにすれば東亜の頽勢を挽回し、わが日本の国威を輝かすことができるかを思って止まなかった。かれが遂に、奮然として皇国の使命遂行に挺身するに至ったゆえんもここにある。

学業一先ず成ったかれは、一書信の中で、

敬一久しく御父母様と離れ、常に四方に奔走し、家に安んずることを得ざるは、決して好んで致し候儀にはこれなく、この事を思い出すごとに心悲しみ、情愁え、涙を流して大息致し、一日も早く御父母様に孝養せんことを思い候え共、男子と申す者は天下の事に志あるものにして、大なる任を有し居り候。それ故に、古えより志ある士は、多くは父母を離れ妻子に遠ざかり、危を顧みず険を冒して四方に奔走し、国家に力を尽くすものにして、かくの如くせざれば、尋常の事にて道を行ない、父母を後世に顕すことはでき申さず候。若し尋常の人の如く、常に家に居り、安を偸み居り候うては、日夜父母の膝下に侍し、七五三の料理を以って養い奉るも、大孝とは申され難く候。これ敬一が一日も家に安んぜず、四方に奔走するゆえんに御座候間、深く心情を御察し下されたく願い入り候。

と述べている。

又、別の手紙には、

不肖に於いては、憤然身を以って天下の大難に当り、以ってその志を展ぶるの志にこれあり、今や国事紛擾の際、万事不完全の時なれば、力を用うる事は固より挙げて数うべからず、同志の士各々その長ずる処に拠ってその分を尽くし、共に国事を扶持すべき儀にこれあり候。

とある。

実に敬一の意気壮(さか)んなることは、懦夫(だふ)をして起たしめ、又、その経綸の雄大なることは、後進の士をして学ばしめるに足るものがある。明治二十年、遂にかれは清国の地に渡航して、揚子江中流の漢口に同志と会し、東亜復興の大志を成就することに専念した。

高遠な理想を抱いたかれは、その半面、何事にも慎み深く、常に謙虚な態度を持して、しかも強く責任感に徹していた。大陸に渡航する以前、後進学生の指導に当った際にも、誠心誠意その任を全うするに努め、満腔(まんこう)の同情を傾けてこれに臨んだ。かれは自ら高所大所に立って、そこから手招きするように、己自身がその範を示して、後進を導いたのである。

天下第一等の事は、これ何人か成さん。
天下第一等の人は、これ何事より倣(な)し起らん。
大丈夫豈蠢々(あにしゅんしゅん)として東洋の一孤島に安んずべけんや。

と高唱する時は、聴く者感奮興起、以って雄飛を思わない者はなかった。しかも、欣然かれの傘下に集った後進学生は、その崇高な人格と温順な風貌に接しては、誰しも敬愛の念を深くした。

清国の地にあっても、敬一の出処進退は、大志を抱く者の実を示して、終始一貫みごとであった。或る時、同志の一人が些細なことから、敬一に傍若無人の乱暴を働き掛けたことがある。しかし、その時かれは少しも憤怒(ふんぬ)の色を現さず、平然として意に介しないかのようにふるまった。大事に処する者の執るべきこのような態度は、その深い学識と相俟って、同志の間に愈々徳望を高め、隠然重きをなすに至った。

その後、敬一は、新疆の地がロシアに接する要衝であり、皇国日本の動向に影響するところ甚大であることを思って、これを視察するため、新疆への極めて危険な旅行を計画した。これに応ずる者一人。二人はすっかり支那風に変装して、決死の覚悟を固め、僻遠化外(へきえんけがい)の地を目ざして、漢口を後にした。時に明治二十二年、敬一が三十歳の時のことである。

行(こう)を共にした同志は、後に故あって引き返すことになり、蘭州城外西方の小村落で、二人は互に健康を祝して袂を分かった。後は敬一唯一人、馬に鞭打って、敢然と誰知る者もない異郷に探検の歩を踏み入れたのである。これを最後として、その消息は全く絶え、数十年の星霜(せいそう)を経た今日、その跡をたずねるよしもない。しかし、爾来わが国は、これら尊い先進の士の後を承けて、御稜威のもと、日清・日露の両戦役に大勝を博し、今や大東亜建設の緒(しょ)に就くに至った。まことに先覚浦敬一の雄大な志は、大東亜戦争下に蘇ったのである。否、ひとり敬一のみではない。既に数十年前から、今日のような皇国の躍進に思いを馳せ、蹶然起った先覚者たちの理想は、今みごとな実を結ぼうとしている。

われらもまた、このような人々の雄大な気宇を承け継ぎ、皇国の使命遂行のため、遠く海外へ雄飛する志操に培わなければならない。同時に、国内にあってもまた、大業を成すの意気を壮(さか)んならしめると共に、識見を長じ、教養を深めて、世界新秩序の招来に備えなければならない。

われらは、既に大東亜十億の民族を指導しつつある。しかも、建設の業は、決して一朝一夕にして成就するものではない。皇国の民は、先覚者たちの雄大な気宇を相承け相伝えて、絶えず聖業達成のため挺身することを期しなければならない。

中等修身　三　男子用

五　陸海軍人に賜わりたる勅諭

畏くも明治天皇は、明治十五年一月四日、帝国陸海軍人に勅諭を下し賜わり、わが軍人精神の根本を諭させ給うた。爾来、皇軍将兵はひたすら勅諭を奉体し、軍人精神の涵養に励み、御訓えの実践に努め来たった。日清・日露の両役を始め、その他の事変に、更に今次の大東亜戦争に、皇軍が、忠勇義烈、軍紀厳正、その真価を発揮し来たったのも、偏(ひとえ)に帝国軍人が、勅諭を奉体して、軍人精神の鍛錬に努めた賜ものにほかならない。

この勅諭はもともと軍人に賜わったものであるが、わが国は国民皆兵であり、随って、国民全体が奉体すべき御訓えである。特にわれらは、やがて軍人として軍務に服し、皇国護持の中核となる身である。日夜、勅諭を拝誦して聖旨を奉体し、心身の鍛錬を怠らず、りっぱな帝国軍人としての資質を研磨することが大切である。

勅諭には、冒頭に、

我国の軍隊は世々天皇の統率し給う所にぞある。

と仰せられて、わが建軍の本義を明らかにし給うてある。わが国軍は、万世一系の天皇の親しく統率し給うところであって、皇威の宣揚、天業恢弘を以ってその使命としている。憲法に、「天皇は陸海軍を統帥す」とあり、統帥の本義は弥々明らかにされている。わが国軍を皇軍というのは、天皇御親率の軍であるからである。

勅諭には、続いてわが国の軍制の沿革に就いて懇篤にお諭しになり、特に、明治維新に際し、わが国体に基づき、わが建軍の本義に則とって、陸海軍の現制を定め給うた大御心を宣べさせられ、次いで、

朕は汝等軍人の大元帥なるぞ。されば朕は汝等を股肱と頼み、汝等は朕を頭首と仰ぎてぞ、其親は特に深かるべき。朕が国家を保護して上天の恵に応じ、祖宗の恩に報いまいらする事を得るも得ざるも、汝等軍人が其職を尽すと尽さざるとに由るぞかし。我国の稜威振わざることあらば、汝等能く朕と其憂を共にせよ。我武維揚りて其栄を耀さば、朕汝等と其誉を偕にすべし。汝等皆其職を守り、朕と一心になりて力を国家の保護に尽さば、我国の蒼生は永く太平の福を受け、我国の威烈は大に世界の光華ともなりぬべし。

と宣わせられてある。「朕は汝等軍人の大元帥なるぞ」と仰せられてあるのは、われらの心肝に銘じ、尊厳極まりない御稜威の辱くも胸中に染み亘るのを覚える。「我国の軍隊は世々天皇の統率し給う所にぞある」との仰せ、又、「夫、兵馬の大権は朕が統ぶる所なれば」との仰せと照らし合わせて、われらは皇軍の統帥が帷幄の大令に属することを深く銘記しなければならない。

ここの御言葉には、皇軍将兵に寄せさせ給う絶大なる御信頼と深い御仁愛が拝察され、更に、軍人に先んじて憂い、軍人と共に楽しませ給う大御心、又、軍人と一心同体、国家の保護に尽くさせ給う叡慮を拝しては、軍人たるもの誰一人としてこの御信頼に報い奉ることを期しない者があろうか。特に、「朕は汝等を股肱と頼み」と宣い、「其親は特に深かるべき」と仰せられ、「汝等軍人が其職を尽すと尽さざるとに由るぞかし」「朕と一心になりて」との御言葉を拝するに至っては、軍人たるものの栄誉全くここに極まれりといわなければならない。

勅諭には、次いで、

朕斯も深く汝等軍人に望むなれば、猶訓諭すべき事こそあれ。いでや之を左に述べん。

と仰せられ、優渥なる御言葉を以って、五ケ条の聖訓を垂れさせ給うてある。われらは聖訓を深く奉体し、実践躬行、以って大御心にこたえ奉らなければならない。

一　軍人は忠節を尽すを本分とすべし。凡、生を我国に稟くるもの、誰かは国に報ゆるの心なかるべき。況して軍人たらん者は、此心の固からでは、物の用に立ち得べしとも思われず。軍人にして報国の心堅固ならざるは、如何程技芸に熟し、学術に長ずるも、猶偶人にひとしかるべし。其隊伍も整い、節制も正くとも、忠節を存せざる軍隊は、事に臨みて烏合の衆に同かるべし。抑国家を保護し、国権を維持するは兵力に在れば、兵力の消長は是国運の盛衰なることを弁え、世論に惑わず、政治に拘らず、只々一途に己が本分の忠節を守り、義は山岳よりも重く、死は鴻毛よりも軽しと覚悟せよ。其操を破りて不覚を取り、汚名を受くるなかれ。

忠節はわが臣節の根本である。況んや、国家の保護に任ずる軍人が、忠節を尽くし、報国の誠を致すのは、最高の使命であり、無上の面目である。軍人にして忠節の心堅固でなければ、軍人としての務めを果すことができないのみか、役に立たぬ人形にも等しいといわなければならない。軍人たるもの、技芸・学術に練達することの大切なのはいうまでもないが、その根本があくまでも鉄石の忠節心にあることを寸時も忘れてはならない。忠節の心に徹し、生死を超越して己が任務に邁進する者こそ、真の帝国軍人である。戦陣訓にも、「死生を貫くものは崇高なる献身奉公の精神なり。生死を超越し一意任務の完遂に邁進すべし。身心一切の力を尽くし、従容として悠久の大義に生くることを悦びとすべし」と訓えてある。われらは聖旨を奉体し、愈々忠節の心を鍛え、国家保護・国権維持の大任を遂行し得るりっぱな軍人となり、以って大御心に副い奉らなければならない。

一　軍人は礼儀を正くすべし。凡、軍人には、上元帥より下一卒に至るまで、其間に官職の階級ありて統属するのみならず、同列同級とても停年に新旧あれば、新任の者は旧任のものに服従すべきものぞ。下級のものは上官の命を承ること実は直に朕が命を承る義なりと心得よ。己が隷属する所にあらずとも、上級の者は勿論、停年の己より旧きものに対しては、総べて敬礼を尽すべし。又上級の者は下級のものに向い、聊も軽侮驕傲の振舞あるべからず。公務の為に威厳を主とする時は格別なれども、其外は務めて懇に取扱い、慈愛を専一と心掛け、上下一致して王事に勤労せよ。若軍人たるものにして、礼儀を紊り、上を敬わず、下を恵まずして、一致の和諧を失いたらんには、啻に軍隊の蠧毒たるのみかは、国家の為にもゆるし難き罪人なるべし。

わが国の礼儀は、敬神崇祖、至誠以って天皇につかえまつるところにその根本があり、恭敬親和の精神に発している。随って、上下同輩序を正しくすると共に、一致和諧することを重んずるわが武人が、古来礼節を尊んだことはまた格別であった。わが軍隊には、上元帥より下一兵に至るまで、その間に官職の階級があり、停年の新旧があり、統率・隷属・服従・敬礼等の関係が厳正に定められている。軍紀は実にこれによって保たれるものであり、もしこれを紊れば、軍隊は秩序を失うに至る。ここに、「上官の命を承ること実は直に朕が命を承る義なりと心得よ」と仰せられてあるのは、いついかなる場合に於いても、服従の絶対なる点を諭し給うた御言葉と拝せられて、まことに畏き極みである。軍隊内務令に、「隷下の者、其の長に服従するは如何なる場合を問わず必ず厳重なるべし」とあり、又、「命令は謹で之を守り直ちに之を行うべし。決して其の当不当を論じ、其の原因、理由等を質問するを許さず」とある。服従・命令の厳正がこのようであってこそ、軍紀の厳正も保たれる。しかも、上は下を慈しみ、下は上を敬い、全軍が一致和諧して君国のために尽くすところにこそ、皇軍の本領が発揮されることを銘記して、聖旨の奉体に努めなければならない。

一　軍人は武勇を尚ぶべし。夫、武勇は我国にては、古よりいとも貴べる所なれば、我国の臣民たらんもの武勇なくては叶うまじ。況して軍人は戦に臨み、敵に当るの職なれば、片時も武勇を忘れてよかるべきか。さはあれ、武勇には大勇あり小勇ありて同からず、血気にはやり粗暴の振舞などせんは武勇とは謂い難し。軍人たらんものは、常に能く義理を弁え、能く胆力を練り、思慮を殫して事を謀るべし。小敵たりとも侮らず、大敵たりとも懼れず、己が武職を尽さんこそ、誠の大勇にはあれ。されば武勇を尚ぶものは、常々人に接るには温和を第一とし、諸人の愛敬を得んと心掛けよ。由なき勇を好みて猛威を振いたらば、果は世人も忌嫌いて豺狼などの如く思いなん。心すべきことにこそ。

肇国以来、わが国は未だ曾て外侮を受けることなく、今日の隆昌を致したのは、御稜威のもと、国家の大事に際して、国民がよく武勇を顕して来たからである。況んや、国家保護の大任を負い、戦に臨んで敵に当る軍人は、国民の中の最も勇武なる者として、わが尊い伝統の姿質を磨き上げなければならない。

しかも、武勇はまことの大勇であるべきであって、いわゆる血気の小勇であってはならない。血気粗暴のふるまいは武勇ではない。皇国の民として行なうべき道を弁え、胆力を練り鍛え、事に当ってよく思いをめぐらして善悪を過たないように図ることが、大勇を発揮する所以である。そうして、小敵たりとも侮らず、大敵たりとも懼れず、よく任務を遂行するのが真の勇者である。戦陣訓にも、「責任を重んずる者、是真に戦場に於ける最大の勇者なり」と説いてある。われらは深く聖旨を奉体し、真の勇者たるよう、戦時平時を問わず、不断に修文練武に励まなければならない。

一　軍人は信義を重んずべし。凡(およそ)、信義を守ること常の道にはあれど、わきて軍人は信義なくては一日も隊伍の中に交(まじ)りてあらんこと難(かた)かるべし。信とは己が言(こと)を践(ふみ)行い、義とは己が分(ぶん)を尽すをいうなり。されば信義を尽さんと思わば、始(はじめ)より其事の成し得(う)べきか、得(う)べからざるかを審(つまびらか)に思考すべし。朧気(おぼろげ)なる事を仮初(かりそめ)に諾(うべな)いて、よしなき関係を結び、後(のち)に至りて信義を立てんとすれば、進退谷(きわま)りて身の措(お)き所に苦(くるし)むことあり。悔(く)ゆとも其詮(そのせん)なし。始(はじめ)に能々(よくよく)事の順逆を弁え、理非(りひ)を考え、其言(そのこと)は所詮践(しょせんふ)むべからずと知り、其義はとても守るべからずと悟りなば、速(すみやか)に止(とどま)るこそよけれ。古(いにしえ)より、或(ある)は小節の信義を立てんとて大綱(たいこう)の順逆を誤り、或は公道の理非に踏迷(ふみまよ)いて、私情の信義を守り、あたら英雄豪傑どもが、禍(わざわい)に遭い、身を滅(ほろぼ)し、屍(かばね)の上の汚名を後世(のちのよ)まで遺(のこ)せること其例尠(そのためしすくな)からぬものを、深く警(いまし)めてやはあるべき。

皇国の道に則とり、国民として正しく生きるために、信義の大切なのはいうまでもないことである。況んや、常に起居(ききょ)を共にし、死生を同じくする軍隊に於いては、信義は欠くことのできない大切な徳である。古来、「武士の一言金鉄の如し」とさえ言われて来た。われらは、言行必ず一致し、己が本分を尽くして、信義に悖ることのないよう心掛けなければならない。

しかも注意すべきは、小さな節義のために身を苦しめるようなことがあってはならぬという点である。われらはよく事の順逆理非を弁えて、軽率な約束に身を誤ることのないよう心しなければならない。古来、英雄豪傑といわれるほどの人々が大綱の順逆を誤り、私情に基づく信義に拘泥して大義を失い、あたら有為の身を汚した例は少くない。われらはよくよく自戒して、懇篤なる聖訓に副い奉ることを夙夜心掛けることが大切である。

勅諭には、五ケ条の最後として、

一　軍人は質素を旨とすべし。凡、質素を旨とせざれば、文弱に流れ、軽薄に趨り、驕奢華靡の風を好み、遂には貧汚に陥りて、志も無下に賤くなり、節操も武勇も其甲斐なく、世人に爪はじきせらるる迄に至りぬべし。其身生涯の不幸なりというも中々愚なり。此風一たび軍人の間に起りては、彼の伝染病の如く蔓延し、士風も兵気も頓に衰えぬべきこと明なり。朕深く之を懼れて、曩に免黜条例を施行し、略此事を誡め置きつれど、猶も其悪習の出んことを憂いて心安からねば、故に又之を訓うるぞかし。汝等軍人、ゆめ此訓誡を等閑にな思いそ。

と仰せられてある。

質素はわが国民性の伝統である。特にわが武人は、清廉潔白・質実剛健を以って古来の美風となして来た。文弱に流れ、華美を好むところ、遂には身を清く正しく持することができず、節操も武勇もおのずからその力を失うに至る。われらは深く省み、質実剛健の気風を振励して、大御心に副い奉るよう心掛けなければならない。

勅諭には、五ケ条の聖訓を御諭しあらせられて後、

右の五ケ条は軍人たらんもの暫も忽にすべからず。さて之を行わんには、一の誠心こそ大切なれ。抑此五ケ条は、我軍人の精神にして一の誠心は又五ケ条の精神なり。心誠ならざれば、如何なる嘉言も善行も皆うわべの装飾にて、何の用にかは立つべき。心だに誠あれば、何事も成るものぞかし。況してや此五ケ条は、天地の公道、人倫の常経なり。行い易く守り易し。汝等軍人、能く朕が訓に遵いて此道を守り行い、国に報ゆるの務を尽さば、日本国の蒼生、挙りて之を悦びなん。朕一人の懌のみならんや。

と仰せられてある。

勅諭を奉体するところ、そこに軍人精神は生まれ、その魂は作られる。軍人精神なき者は、大元帥陛下の股肱たる資格は全くない。しかも、特に五ケ条に就いて、「一の誠心こそ大切なれ」と諭させ給い、「抑此五ケ条は、我軍人の精神にして一の誠心は又五ケ条の精神なり」と宣べさせ給うてある。ここに仰せられてある「一の誠心」こそ、古来「明かき浄き直き誠の心」と呼び習わされて来たもの、即ち、皇国の道をあくまで履み行なおうとするひたぶるな心である。思うに、皇国の大道より出ずる奉仕の赤誠なくしては、一切の徳行は真に生きたものということはできない。私心を去り、ひたすら皇恩に報い奉らんとする赤誠なくして、どうして忠節の本義に徹することができようか。私利私欲にからまれて、真の礼儀・武勇・信義・質素がいずこにあろうか。一死君国に報ぜんとの赤誠を貫ぬき、よく五ケ条を実践するところに軍人精神は生まれ、その真面目は発揮されるのである。われらはこの点に深く鑑み、「行い易く守り易し」と諭させ給うた天地の公道、人倫の常経の実行に努め、有為の帝国軍人としての資質を錬磨しなければならない。

六　国防と軍備

明治天皇御製

　　千早ぶる神のかためしわが国を民と共にも守らざらめや

万邦無比の国体に基づいて、八紘為宇の皇謨を顕揚し、世界平和を確立することは、わが肇国以来の大使命である。この尊い使命を達成し、皇国無窮の発展を期するのが、実にわが国防の本義である。随って、皇国の保全のために、外敵の侵入を撃退するばかりではなく、わが国策の遂行を妨害するものに対して、進んでこれを破砕しなければならない国防の意義は重大である。

国防は、武力を始めとし、国家の総力に基づくものであるから、各方面に亘って国力の充実を図り、これを国防の目的に集中して戦争に備え、戦わずしてその目的を達成し得るのが最良である。しかし、もしも戦争の止むなきに至った場合には、国家の総力を挙げて戦争目的達成に邁進し、以って敵の戦意を消失せしめなければならない。それ故、武力を発揮させるための備えである軍備は、実に国防の根幹である。

皇軍将兵は、日夜、陸海軍人に賜わりたる勅諭を奉体して、協心戮力、鋭意その使命達成に邁進している。皇軍の威武が世界に輝いているのは、一に、将兵が大元帥陛下に対し奉る絶対随順の精神を以って、励精奉公の誠を致すによるのである。

わが国は、古来、皇威に靡(なび)かぬ者に対しては、これを訓え諭してその非を改めさせることに努め、かれらが自ら非を悟るのを待って、武力の満を持し、みだりにこれを放たない。しかし、かれらがあくまでも非を悟らず、われに挑戦する時こそ、わが武力は断乎として発動せられるのである。しかも、わが武力は仇なす敵を撃砕すると共に、万邦をして各々その所を得しめ、皇国の道に則とる真の平和を招来し、大和の世界を結びなすためのものであって、神武の名を以って呼ばれるのも決して故なきことではない。

日清・日露の両役を始めとし、幾多の事変に皇軍は神武の精神を発揚して、東洋平和の確立に勇戦敢闘し来たった。今次大東亜戦争は、わが国を圧迫し東洋平和を攪乱して、世界制覇の非望を達成しようとして来た米英を相手とするものである。皇国の民はこの征戦の意義をよく弁えて、敵撃滅に邁進し、以って大東亜建設の偉業を成就しなければならない。

皇国は、地理的、国際的環境に応じて、国防力の根幹として世界無比の精鋭を誇る強大な陸海軍を擁している。即ち、陸海両軍は、共にわが軍備の中心として、鞏固な団結、厳正な軍紀、周到な教育訓練、優秀な指揮統帥によって、世界に卓絶しているのである。しかもその上に、近代戦に於いては、科学的装備を優秀にして軍備の機械化を促進しなければならない。特に航空兵力の充実は目下の急務である。

戦時又は事変に際し、必要に応じて大本営が設置される。大本営は、天皇御親ら軍務をみそなわせられる最高の統帥部であり、ここに於いて、参謀総長及び軍令部総長は、各々その幕の長として作戦に参画し、陸海軍の作戦の協同を図るのを任とする。

陸軍の軍隊には、地上部隊と航空部隊とがあり、これらの部隊は、軍司令部・師団司令部を始め各部隊から成り、又、国土防衛の見地から防衛総司令部が設けられ、所要の地上及び航空部隊を、防衛に関して指揮する。海軍では、平時から戦艦・航空母艦・巡洋艦その他各種艦艇並びに航空隊等を以って艦隊を編成して海の護りを固くしているほか、軍港には鎮守府を置き、要港や重要な商港には警備府を置いて、それぞれ所管警備区の防禦・警備に任ぜしめ、又、出師準備に関することを掌らしめている。

軍の幹部たるべき軍人を養成補充し、或は軍隊内の特別の人員に対して更に特殊の学識・技術等を習得せしめるために、陸海軍共に種々の学校を設置している。陸軍には、陸軍士官学校・陸軍航空士官学校・陸軍予科士官学校・陸軍幼年学校及び陸軍予備士官学校等のような補充学校、又、歩兵学校や戦車学校等のような実施学校、更に陸軍大学校等がある。海軍には、海軍兵学校・海軍経理学校等の生徒学校を始めとし、海軍砲術学校・海軍水雷学校等のように術科の教育を行なう学校から、更に海軍大学校に至るまで、多くの学校が設けられている。このように陸海軍の学校は多種多様であるが、軍隊教育の根本が、あくまでも軍人精神を涵養し、忠烈有能な軍人を教育することにあるのはいうまでもない。

皇軍の兵員は、国民皆兵の精神に則とって充実される。古来、大君のしこの御楯として身命を君国に捧げて顧みないのは、皇国男子の本懐とするところであって、国民皆兵の制度はこのうるわしい伝統に基づいて確立されたものである。憲法には、「日本臣民は法律の定むる所に従い兵役の義務を有す」とあって、わが伝統を弥々明確にしている。年齢十七年より四十五年までの皇国男子は、特定の者を除くほか、皆いずれかの兵役に服する定めである。

徴兵制度のほかに、長期の服役により、又は、青少年を特別に教育することにより、優秀な幹部及び兵の養成を図る志願兵の制度がある。陸軍では、志願によって、各種のいわゆる少年兵、特別幹部候補生を採用する。海軍では、志願兵制度は早くから行なわれていたが、殊に最近では、各種飛行予科練習生等の制度を実施して、志願兵を採用している。

兵役は、常備兵役（現役及び予備役）・補充兵役及び国民兵役に分かたれ、現役兵は在営して教育を受け、戦時には部隊の骨幹となり、他は戦時・事変その他に際し、必要に応じて召集される。

陸軍にあっては、戦時・事変には、在郷軍人の召集によって軍隊の主力を編成する。特に幹部候補生出身の予備役将校は、戦時部隊の幹部として、現役将校に劣らぬ重要な任務に就く。

海軍には、海軍予備員が置かれている。海軍予備員は、平時にあっては、社会の各界の中堅的、指導的任務に尽くし、戦時・事変に際しては、いずれも召されて第一線に参加し、又は特別の任務に服する。陸軍では、中等学校以上の卒業生には幹部候補生への道が開かれ、海軍では、海軍予備員養成のために、海軍予備学生・海軍予備生徒・海軍予備練習生・海軍予備補習生等の制度がある。大東亜戦争下、多数の在郷軍人が応召、皇国護持の任に当り、われらの同窓また勇躍征途に就いている。これらの姿は改めて深い覚悟を呼びさまさずにはおかない。

壮丁（そうてい）を選んで現役兵又は補充兵とするのが徴集である。年齢二十年に達する皇国男子は、特に定めのある者を除くほか、総べて徴兵検査を受けることになっている。しかも、決戦下、臨時特例によってその徴兵適齢が、内地人に就いては十九年に引き下げられたのである。われらは、重大な戦局のもと、国家の期待のわが身にあるを思い、皇国兵役の本義を体して、征戦完勝の決意を固めなければならない。

国民皆兵のわが国に於いては、国民総べてが、国土防衛、皇国の使命達成のために戦うのは当然である。しかも、今次戦争の規模が極めて大きいことと、科学技術の発達に伴なう科学兵器特に航空機の進歩したこととによって、わが国土もまた戦場となった。国民は総べて戦争完遂のために動員され、一切の物資がまたこの目的のために集中活用されなければならない。近代戦はもともと国家の総力と総力との決戦である。それ故、国防に意を用いるに当っては、武力を中心として、各方面に亘って国家総力の充実集中を図り、以って完全な勝利をもたらさなければならない。即ち、思想・政治・外交・経済・科学・教育等の一切の力を尽くして敵を圧倒することが大切である。

国家の総力を結集するためには、一億国民が尽忠報国の赤誠に燃え、旺盛な戦意と確乎たる必勝の信念とを以って、一致団結をあくまでも鞏固にしなければならない。そうして、政治・経済はいうまでもなく、科学技術の研究も、物資の生産も、総べてが戦力を最大限に強化するという一点に向かって集中されなければならない。われら学徒の日々の生活もまた、征戦完遂のために、戦力の増強に捧げられているのである。

戦局はまことに重大であって、既に前線銃後の区別はない。防空活動は、軍防空を中心とし、民防空もまた神州護持の気魄を以って国土防衛に当らなければならない。民防空に於いて最も大切なことは、各自がその持ち場を全力を尽くしてあくまでも守りぬくことである。われら学徒は、平素の国防訓練と習得した科学知識とを生かして、敵機来襲に際しても十分に実力を発揮して、生産力の増強と国土防衛に努めることが大切である。

われらの心身を健全に発達せしめ、その資質を向上し、又、軍事能力を増進せしめるために、教練科が設けられている。大正十四年、男子中等学校以上には陸軍現役将校の派遣される道が講ぜられ、爾来、学校教練は飛躍的に充実し来たった。又、中等学校生徒には海洋訓練が課せられ、大学・高等専門学校には海軍軍事教習が行なわれている。殊に戦局の進展に伴ない、近くは決戦非常措置によって、国防訓練が徹底され、又、教練の強化、軍事科学の重視となって、ここに、われらも航空・艦船・通信・機甲等軍事に関する科学技術を学ぶことになった。戦争は科学技術戦の様相を極めてはっきりと示している。兵員の素質が科学的、技術的に向上することは、戦闘力増強の上に極めて大切である。われらは、軍事科学は固より、一般の科学技術に就いても、国土を護りぬくという決意を固めて学ばなければならない。

七　承詔必謹

詔を承りては必ず謹め。君をば則ち天とす。臣をば則ち地とす。天覆い地載す。四の時順り行き、万の気通うを得。地天を覆さんと欲るときは、則ち壊を致さんのみ。是を以て、君言うときは臣承る。上行えば下靡く。故に詔を承りては必ず慎め。謹まずは自らに敗れなん。

　これは十七条憲法第三条の御言葉である。天壌無窮の神勅のまにまに、万世一系の天皇を奉戴し、君臣の分を正し、みことのりを畏み仰いで、以って皇国の隆昌に尽くすことこそ、わが国体の精華を発揮する所以である。みことのりは、畏くも天照大神を始め奉り、歴代天皇の大御心を昭示し給うたものであり、義は即ち君臣にして情は父子の如き尊いわが国がらのもと、国体の本義に就いて、更に、われら皇国の民の進むべき大道に就いて諭し給うものである。皇国の民は、皇国の道を明らかに示し給うみことのりの奉体に聊かも欠けるところがあってはならない。まことに冒頭に奉掲した御言葉は、臣民の道の根本を弥々明らかに示し給うものとして、われらの深く思いを致さなければならないところである。

　神勅を始め奉り、詔勅はいずれも広大悠遠な皇謨を示し給い、又、国民生活の向かうところ、国民思想の帰するところに就いて御訓えを垂れさせ給うのである。それ故、われら臣民は、天壌無窮の神勅を始め奉り、数々の詔勅を奉誦し、以って己の進むべき道を正しく弁え、御訓えのまにまに、皇国の使命達成のために国民としての務めを全うしなければならない。なお、詔勅と共に、宸翰（しんかん）・御製（ぎょせい）もまたわれら国民にとって尊い御訓えであるから、謹んで拝誦して大御心に副い奉るよう心掛けることが肝要である。

みことのりを拝しては必ず謹むということこそ、われら臣民の決して忘れてはならない心構えである。われらは先ず何よりも私心を去り、己を空（むな）しゅうし、絶対随順の赤誠を以って、あくまでも御訓えに遵い奉ることを期しなければならない。十七条憲法には、又、

私（わたくし）を背（そむ）きて公（おおやけ）に向（ゆ）くは是れ臣の道なり。

とお諭しあらせられてある。私情や私欲を去り、常につつましく恭しい気持をもち続け、君国に報じ、公のために一身を捧げるのが、みことのりを奉ずる皇国民の道である。皇国の民たるもの、誰一人としてみことのりに背き奉ることを思うような者のあるべきはずはないが、自らの心や行ないに就いての反省を欠き、己を慎むという点に欠けるところがあれば、なお大御心の奉体に徹するものということはできない。このことを十分弁え、背私向公（はいしこうこう）の臣道の実践に努

めることこそ最も大切である。

承詔必謹の精神は、更に、国憲・国法の尊重となる。遵法とは、単に形の上で国法に抵触しないというだけではなく、よくその精神を解し、進んで公共のためを図り、国力の充実、国民生活の向上に努めることである。国民生活は複雑であり、国民の務めもさまざまであるが、いかなる務めをなすに当っても、大君につかえまつる赤誠を以って、己が本分を尽くすべきであることはいうまでもない。国民が、億兆一心、全力を尽くしてそれぞれの本分を遂行するところに、国力の充実も国民生活の向上も期し得られる。しかも、この場合心しなければならないのは、国民各自が自らを慎み、更に、互に助け合い、譲り合い、励まし合うことである。

畏くも明治天皇は、

しのびてもあるべき時にともすればあやまつものは心なりけり

と詠ませ給うた。私情・私欲の抑えがたいことに就いてお諭しあらせられたものと拝せられる。

又、教育に関する勅語に、

恭倹己れを持し

と仰せられてある。何人に向かっても、何事に対しても、慎み敬う心をもち、聊かでも驕り高ぶることなく、又、常に自己を引き締めて放肆に陥らないのが恭倹である。青年は独立自尊の気性をもつべきではあるが、ややもするとこれを履き違えて、徒らに自負尊大になる虞（おそれ）がある。内に恭倹の心を失わず、外に容貌・動作を慎んで、放縦に流れぬよう自ら戒めることは、研学修業に志す者にとって極めて大切である。

人が粗暴放漫となって他と融和することができず、その結果、争いを引き起すようなことになるのも、結局は自ら慎むことが足らず、客気（かっき）に駆られて自制を忘れるからである。又、外物（がいぶつ）に動かされて恣（ほしいまま）な欲望に誘惑され、苦痛を避け、勤労を厭（いと）うようになるのも、克己自制に欠けるからである。われらは恭倹の心を養うと共に、克己自制を怠らず、りっぱな皇国民たるよう、修練に努めなければならない。

皇国の青年学徒として、特に、教育に関する勅語、青少年学徒に賜わりたる勅語に示させ給う御訓えに遵い奉り、心身の錬磨に努めることこそわれらの進むべき道である。われらの日常の修練は、総べて、御訓えのままに、真に皇国の道に生き、そうして、皇国の使命遂行に挺身する忠勇義烈の精神に燃えた皇国民となるためである。日々夜々（にちにちやや）御訓えを奉体する生活こそ、皇国学徒としての真の生活といわなければならない。

聖旨の奉体に就いて特に心しなければならないのは、御訓えをあくまで実践に移すということである。どのように聖旨のほどを理会し奉っても、奉体の実を挙げ得なければ、決して大御心に副い奉るものということはできない。常に自らの行ないを反省し、少しでも実践の上に欠けるところがあれば直ちにこれを改めて、あくまでも御訓えに副い奉ることを期しなければならない。そうして、聖旨のほどを繰り返して拝察し、学徒に寄せさせ給う大御心に報い奉る方途に就いて、常に真剣に考えることを怠ってはならない。

米英に対する宣戦の大詔を渙発あらせられて以来、一億国民は斉(ひと)しく大詔を奉体して、みことのりに示させ給う道をひたすらに邁進して来た。われら学徒は今、学徒通年動員によって、直接生産に従事し、戦力を強化するという重大な任務を担って敵と戦っている。われらは任務の極めて重大なことを肝に銘じ、全力を尽くして勤労の生活に徹しなければならない。

しかも、青年学徒の本分が、大御訓えを奉体し、心身の錬磨に励むことにあるのは、今に於いても変りはないのである。寧ろ、われらは勤労の生活を通して、愈々知徳の涵養に努め、大東亜建設に邁進し得る皇国民としてのりっぱな資質を鍛え上げなければならない。それには、生産に従事しつつも、細心の注意を怠らず、絶えず観察の眼を働かせて、あらゆる機会に何事からでも学ぼうと努め、又一方では、師や指導者に従って、規律正しい集団生活を営み、朋友互に切瑳琢磨して有意義な日々を送らなければならない。そうして、そのように充実した生活を送るためには、常に自己を有為な皇国民に鍛え上げ、大御心にこたえ奉ろうと努める向上の精神を堅くもち続けることが何よりも大切である。

思えば、この重大なわれらの任務は決して容易なことで遂行できるものではない。しかも、

帝国は、今や自存自衛の為、蹶然起って一切の障礙を破砕するの外なきなり。

と仰せられた大詔を重ねて拝誦する時、われらは、いかなる艱難にも堪え、いかなる辛苦にも打ち克って、一路輝かしい勝利へ邁進しようとする勇気に満ち溢れる。

大楠公が皇国民の亀鑑として千古（せんこ）に仰がれるのも、笠置の行在所（あんざいしょ）に勅命を奉じて、いち早く勤皇の義兵を挙げ、終始一貫、一族を尽くして、聖慮に報い奉らんとした誠忠無比の行ないによるのである。大楠公の忠烈は、実に、七生報国の信念に徹して、秘謀を尽くして勇戦し、以って聖慮を安んじ奉り、随順の誠を貫ぬいたところに、燦然（さんぜん）と輝いている。われらもまた、この楠公の精神を日々の行ないの上に現す覚悟を以って、あらゆる苦難に打ち克たなければならない。必勝の信念を堅く持して、あくまでも任務を遂行し、そうして、征戦を勝ちぬいて、洋々たる皇国の隆運を開き、以って大御心を安んじ奉ることこそ、戦時下、学徒の承詔必謹の大道である。

八　伝統と創造

国家が隆々として国威を輝かして行く逞しい姿を示す時には、必ずその国民の間に創造の気魄が漲っている。国民の間に創造の気魄が失われるならば、国家活動はやがて沈滞し、国民生活も全体として衰退することを免れない。世界の歴史はこのような国家興亡・民族盛衰の跡を語っているのである。

国家の興亡、民族の盛衰に無量の感慨を覚えるわれらは、一たび皇国の光輝ある生々発展に思いを致す時、限りない喜びと力強さを感ぜずにはいられない。わが日本は、肇国以来、尊厳なる国体の然らしめるところ、輝かしい伝統を尊重して、日に新たに、日々に新たな創造発展の逞しい躍進を続けて来た。

実に政治・軍事・経済・文化の各方面に亘る皇国の目ざましい隆運は、御稜威のもと、国民総べてが皇運扶翼の大道に立って、献身奉公の誠を致して来た成跡に基づくものである。

畏くも、大正天皇の御製に、

としどしにわが日の本のさかゆくもいそしむ民のあればなりけり

と仰せられてある御言葉を拝するにつけても、われら国民たるもの、愈々創造の気魄に満ち満ちて、国力の充実に一身を捧げなければならない。

今上陛下践祚後朝見の儀に於いて賜わりたる勅語に、

> 模擬を戒め創造を勗め、日進以て会通の運に乗じ、日新以て更張の期を啓き

と仰せられてある。天皇陛下には、常に創造に関して大御心を注がせられ、学術の奨励に就いて御軫念あらせ給う。まことに畏き極みである。われら国民は各自の担う使命の重大なるを心肝に銘じて、不断に創意を働かし、国力の充実に、国民文化の発展に、貢献することを期しなければならない。

創造とは、物事に新機軸を開いて、新しくすぐれたものをこの世に生み出すことである。そうして、日常不断の生活を一層充実し、一層意義深いものにして行こうと真剣に努力するのも、やはり尊い創造の活動である。創造の精神は、平素常に工夫を重ね、新しい試みを繰り返すことによって養われる。固より、総べての人が非凡な天才であることは望まれないが、常に何か人と異なった新しい試みをしてみよう、どうかして国家の力を伸張して行く仕事を力一ぱいしてみたいと努めるようにすれば、遂に創造の実を挙げることができる。

曠古(こうこ)の傑作「非母観音」は、明治画壇の巨匠狩野芳崖翁(かのほうがいおう)の絶筆である。翁は、図画の伝統を輝かし、しかもこれに新しい生命を吹き込もうとして、画面の雲の表現に新機軸を出すために非常な苦心を払い、日夜悩み続けた。毎日制作に通う往き還りに、当時の砲兵工廠の傍らを通る翁は、いつも工廠の大煙突から濛々と吐き出される煙の活動するさまを注意して観察していた。或る夕方、翁は折からの夕陽を受けて微妙な色彩に輝きながら立ち昇る煙の姿に学び、遂に目的を達して、崇厳(すうごん)華麗な雲を描き出すことができた。翁は、彩色の顔料に就いても、今まで人の使わないものを用いて、新しい美を生み出そうと努力し続け、石炭や煉瓦の類いまでも粉に砕いて験し用いたという。

科学技術の方面に於いても、わが国の電気工業の発達に貢献した小林作太郎翁の生涯は、まことに創造の努力に満ちたものであった。翁は、少年時代から蒸気機関車や汽車の模型を造ることに秀でていたが、十六歳の折には汽船の模型を造ろうと思い立ち、碇泊している外国船の内部の構造を見るために、水泳の稽古を始め、泳いで汽船にたどり着けるようになると、許可を受けた上、船の内外を熱心に見学して研究を積み、遂に自在に動く汽艇の模型を造り上げた。その後、一職工として工場にはいった後も、独学力行、仕事を通して生きた学問をした。何か新しいことを思いつくと、昼夜の別なくその研究に没頭し、目的を貫徹するまでは決して怠るようなことがなかった。翁は又、道具や資材を大切にし、機械の構造や働きを徹底的に理会して、その改良発明に精魂を打ち込んだ。翁が種々の改良発明によってわが工業界に尽くすことができたのは、全くこのような努力の賜ものである。

創造は偉大な活動であるが、国民各自の創造への営みはどんなにささやかなものであっても、やがて国民生活全体を充実させる基となることを弁えていなければならない。

創造の実を挙げるために大切なことは、しっかりと目的を立て、その目的に従って、自ら考え、自ら工夫し、刻苦精励して創意を生み出そうと努めることである。又、事物に対する観察眼を鍛え上げ、事物の真相を見極め、その中に筋道を見出し、その筋道に従って事物を正しく処理しなければならない。しかも、目的を貫徹しようとする忍耐強い研鑽によって、始めて成功も期待することができる。発明発見というような創造は、最初の試みで無造作に成功するものではなく、中途で思わぬ障礙に遭遇するのが普通である。この困難に打ち克つ不撓不屈の勇気、確乎不抜の意志こそ、創造の喜びをもたらすのである。

創造は決して単に奇を衒うことではない。われらは、謙虚に、先人の努力の跡、その業績、それらを貫ぬくすぐれた精神に学び、感謝の心を以って、その残してくれた知識・技術を体得して、一歩々々着実に進まなければならない。いかなる創造も突如として生ずるものではなく、先人の志を継ぎ、伝統に生きるところに達成される。真の創造は、自分の力をはぐくみ来たった伝統を尊重し、そうして、自己の力を自覚する者によってのみ成し遂げられる。伝統を無視して徒らに詭激(きげき)を追うのは、国民文化を乱し、醇厚中正(じゅんこうちゅうせい)なわが国民生活の美風を傷つけることになる。又、伝統を蔑(ないがしろ)にして思索を恣(ほしいまま)にするようでは、どんなに努力しても単なる空想に終って、真に国力を充実するような業績を残すことはできない。

今日わが国は、科学技術の創造発展に就いて、真剣に考えなければならない時期に遭遇している。近来、国民のすぐれた素質と、国の前途を思う先人の愛国の至情とによって、わが科学技術も着々と進歩発展し、既に或る点では世界に誇るものを生み出すようになった。そうして、今やわが国は科学技術の総べての分野に於いて、真に独創的な力を発揮し、世界に卓絶するすぐれたものを創造し得る機運に立ち至ったのである。

科学技術の創造発展のためには、すぐれた科学者・技術者が多数輩出しなければならないことはいうまでもないが、それと共に、国民一般の科学技術の水準が、速かに向上することが大切である。われら青年学徒はその先達となり、わが国力の充実に寄与すべき重大使命を担っている。われらは常に向上の精神を持して、いかにしたらわが国を科学技術の方面でも大いに進歩発展させることができるかに就いて、深く考えるところがなければならない。

世界の科学技術の進歩は瞬時といえども止まない。わが国民が少しでも小成に安んじたり、他国に追随しようとするような安易な道を選ぶならば、忽(たちま)ち後れを取ることは明らかである。

わが国は、国力を充実して征戦に完勝し、そうして、東亜十億の諸民族を率いて大東亜建設に邁進し、真の世界平和に貢献するという重大な使命を担っている。この使命の達成を目ざして、わが国は科学技術を始め、学術・文化一般に亘って、大いに進歩発展を図らなければならないことを思い、われら学徒は深く自ら期するところがなければならない。

青少年学徒に賜わりたる勅語に、

古今の史実に稽（かんが）え、中外の事勢に鑑み、其の思索を精にし、其の識見を長じ

と仰せられて、学徒たるものの根本の心得を諭し給うてある。われらは深く聖旨を奉体し、史実に学んでわが国の尊い伝統を自覚し、更に、現下内外の情勢を明察して、精密正確な思索力を鍛え、識見を長じて、国家の要請に応えることのできる自己を磨き上げなければならない。われらは温故知新という言葉を深く味わい、うるわしいわが伝統を今に生かして、しかも新たなる創造に努め、以って皇国文化の生々発展に寄与するよう、日々の修錬に励むことが大切である。ここにこそ、われらに寄せさせ給う大御心にこたえ奉る学徒の道は存する。

用語説明

行在所（あんざいしょ）　天皇行幸時の仮宮

帷幄（いあく）　本営

因循姑息（いんじゅんこそく）　古いしきたりにこだわり、その場をしのごうとすること

隠然（いんぜん）　表だっていないが、内に強い力を持っているさま

顕見蒼生（うつくしきあおひとくさ）　現世に生きる多くの人々

回向（えこう）　成仏を願い供養をすること

温雅（おんが）　上品で穏やかなこと

化育（かいく）　天地自然が万物を生み育てること

かこつ　不平を言う

佳辰（かしん）　めでたい日

臥薪嘗胆（がしんしょうたん）　目的達成のため艱難辛苦にたえしのぶこと

眼光紙背（がんこうしはい）　書物の字句の深意までも読みとる

涵養（かんよう）　ゆっくりと養い育てること

饑寒（きかん）　飢えと寒さ

亀鑑（きかん）　模範

気節（きせつ）　気概があり節操の固いこと

吉辰（きっしん）　吉日

弓箭（きゅうせん）　武士

侠気（きょうき）　苦しむ弱者を見過ごせない心

恐懼（きょうく）　おそれいってかしこまること

恭敬（きょうけい）　慎み敬うこと

恭謙（きょうけん）　慎み深くへりくだったさま

享有（きょうゆう）　生まれながら持っていること

享楽（きょうらく）　快楽にふけること

挙措（きょそ）　立ち居振る舞い

欣栄（きんえい）　喜びと誉れ

謹厳（きんげん）　真面目でいかめしいこと

欣然　喜ぶさま
金鉄　堅固なことのたとえ
詭激　言動が激しすぎること
逆心　主君に叛く心
御璽　天皇の印章
吟詠　節をつけて詩歌を詠うこと
薫化　徳により人を善導すること
敬虔　敬い慎むこと
軽侮驕傲　相手を見下し、驕り高ぶること
乾霊　天の神々
孝悌　父母には孝行し、兄にはよくしたがうこと
皇猷　天皇の国家を統治する計画
拘泥　必要以上にこだわること
皇謨　皇猷に同じ
刻苦精励　苦労しながら全力で勉学・仕事に励むこと
固陋　見識が狭く頑固なこと
懇篤　心がこもり、懇切丁寧なこと
妻室　妻
式微　ひどく衰えること
至孝　最高の孝行
至公至平　この上もなく公平であること
しこの御楯　天皇の楯となり外敵を防ぐ者
嗣子　家督を継ぐべき子
私淑　ひそかに慕い模範とすること
諮詢　意見を問うこと
至情　真心
至仁　この上なくめぐみ深いこと
叱正　叱って悪い所を改めさせること
須臾　少しの間
衆寡敵せず　少数では多数にとても勝てないこと
蠢々　愚かな人たちが秩序なく動きまわるさま
誦習　何度も繰り返し読んで学ぶこと
信倚　信頼

神裔　神の子孫
宸翰　天皇が書かれた文書
身体髪膚　身体全体
親拝　天子が自ら参拝すること
時艱　その時代の当面している難題
爾今　以後
醇厚中正　偏りなく公正で人情に厚いこと
醇風美俗　人情に厚く美しい風俗習慣
上洛　都に上ること
尽瘁　倒れるほど全力を尽くすこと
神祇　天の神と地の神
仁人　思いやりの心を備えた人物
出師　出兵
推重　尊び重んじること
推譲　人を推薦し、自らは譲ること
枢機　物事の一番大切なところ
随順　逆らわずに従うこと

斉家　自分の家庭をおさめ整えること
青史　歴史書
星霜　歳月
精励恪勤　懸命に職務に励むこと
聖駕　天子の乗り物
節婦　かたく節操を守る女性
節義　正しい人の道を踏み行うこと
率由　前例にしたがって執り行うこと
大丈夫　立派な男子
退蔵　使用せずにしまいこんでおくこと
手弱女　しなやかで優美な女性
卓立　群を抜いて高く立つこと
矯める　曲がったものを直すこと
懦夫　意気地のない男
懦弱　意気地がないこと
長養　自ら研鑽を積み、向上に努めること
貞淑　女性のみさおが堅く、しとやかなこと

展墓（てんぼ）　墓参り
徳操（とくそう）　固く守って変わらない道徳心
敦厚（とんこう）　誠実で人情に厚いこと
刀自（とじ）　年輩の女性の尊称
内帑金（ないどきん）　君主が手元に所持する金
白砂青松（はくしゃせいしょう）　日本の美しい海岸の風景
引き具す（ひぐ）　一緒に連れて行く
畢竟（ひっきょう）　結局
畢生（ひっせい）　終生
風教（ふうきょう）　風習
不興（ふきょう）　機嫌をそこねること
舟師（ふなし）　水軍
撫育（ぶいく）　可愛がり大切に育てること
紛擾（ふんじょう）　乱れもつれること
分度（ぶんど）　自分の社会的・経済的実力に応じて生活の限度を定めること
放肆（ほうし）　だらしなくわがままなこと
傍輩（ほうばい）　同輩
北闕（ほっけつ）　皇居
卜す（ぼく）　判断して定める
満腔（まんこう）　心から
みそなわす　「見る」の尊敬語
名聞（みょうもん）　世間での名声
斎庭の穂（ゆにわ）　高天原の稲穂
養正（ようせい）　正義の心を養うこと
隆替（りゅうたい）　盛衰
俚謡（りよう）　民謡
凌侮（りょうぶ）　侮ってはずかしめること
凜冽（りんれつ）　態度が厳格なさま
臨御（りんぎょ）　天皇がその場にお出でになること
嶙峋（りんじゅん）　山などが険しくそびえ立つさま
俚諺（りげん）　言い伝えられてきた諺
礼譲（れいじょう）　礼儀を尽くし、へりくだること
和諧（わかい）　調和

「女子修身」こそ国家の根本、国体の本義

橋本　琴絵（作家）

そもそも女子修身とは何か。それは、女子修身が全く存在しない時代の様相によって理解できよう。令和の御代、東京・新宿では女子小学生が薬の乱用をしたいがため性を売り始めた。そのすぐ横では出産適齢期の女性達が売春をするため夜の街に立っている。貧困のためではない。若い男と遊ぶ金銭の欲しさ目的である。

また、宿された命をこの戦後七十八年間で累計三千九百三十七万人ほど殺処分した。これは大東亜戦争戦没者のおよそ十倍だ。離婚件数は軒並み増え、児童虐待認知件数も増加の一途を辿り、毎日シングルマザーの子を交際相手が殺害するニュースを国民が目にする日常となった。

最近では、国際結婚で実子を連れ去ったものの、他の先進国と日本は異なり捜査機関が一切検挙しないため、大変な国際問題にまで発展しているケースもある。このように、道義から外れ退廃した我が国の実情をみれば、女子修身の重要性が容易く理解できよう。

女子修身が国家の富に大きな影響を及ぼしていた

そして、女子修身とは一見すると倫理の問題に限定されるかのように見えるが、実はそうではない。平成以降の失われた三十年間と言われるように、我が国の経済的停滞も、女子修身の欠如によって引き起こされていることが説明できる。本書の詳細を述べる前に、先ず二つの国家観を説明することで女子修身が国家の富そのものにも深く関与していることを説きたい。

国家とは何か。それは次の二つの立場から説明できる。ジョン・ロックの統治二論とロバート・フィルマーのパトリアーカである。統治二論のうち第一の論がフィルマーに対する批判であり、第二論がロックの持論である。この二つは国家の起源について全く異なる考え方をしている。ロックの考え方については数多の日本語訳書籍があるため詳細説明は割愛する。統治に対する人民の同意形成が重要であるとする立場は、その後の社会契約論と親和性を持つ。同意により契約が締結され、会社法人を設立するかのように国家が成立したとする考え方には、女子修身が関与する余地はない。しかし、フィルマーの考えに基づく国家の起源と女子修身は密接に関係する。

「パトリアーカ」とは、「家父長論」と日本語訳される場合が見られるが、誤謬である。本来は、ラテン語で「慣習を共有する血縁集団における男性の長」という意味である。すなわち、アダムの直系としての系図を持つ王か、我が国ならば神裔たる天皇を意味するといえよう。

パトリアーカにおける国家観とは、社会契約論が「人民相互の契約」に重点を置くのに対し、「相続の連続」が国家の起源であると説明する。その意味は単純明快である。

太古の昔、男と女がいた。二人は愛し合い、子どもを産んだ。そして、生涯にわたって耕した田畑と沢山の家畜がいる牧場という全財産をただ「自分の子供である」というだけの理由でその全てを与えたのである。相続である。これを幾世代にわたって繰り返すと、生まれながらして莫大な財産を持つ子どもが誕生する。王権の始祖である。

一方で、両親から愛されず何も与えられなかった人々がいる。そうした人々に、生まれながらして莫大な財産を持つ血統に属する者が、自らの私有財産から産出された作物と家畜の乳と肉を分け与えた。こうして、栄養を得た人々は子どもをつくることができ、また疫病に対する免疫を得た。前者を国王といい、後者を臣民という。

相続の連続によって王権が確立され､王権の相続によって国家が成立したのである。このフィルマーの考え方は、我が国の起源の説明と一致する。天皇と赤子の関係は契約ではない。相続である。

さて、ここで一つの疑問が発生する。何故、男は女の産んだ子どもに自らの全財産を与えるという決断が出来たのだろうか。それは、実子であるとの確信が得られたからである。では、遺伝子鑑定技術の無い時代に何故、実子であるとの確信を男は得られたのであろうか。そこに関わるのが女子修身である。

端的に言って、淫売が産んだ子に実子であるとの確信が得られたであろうか。婚前から処女ではない女が産んだ子に実子であるとの確信を得て自らの全財産を与えるという決断をするであろうか。女子修身が無く、不道徳かつ倫理を欠いた女が産んだ子に、男は全財産を渡すという決断をするだろうか。そこが重要なのである。答えは言うまでもなく「死ぬ前に全て財産を使う」という判断に至るだろう。

こうして、生まれながらにして何も与えられない子どもが増加した。

「女子修身」不存在による負の連鎖

以上から女子修身を欠いた我が国では「自らの全財産を相続させるに値しない」と父祖から判断された子が増加し、結果、貧困が増加したのである。

昔のように、「ご先祖様が残してくれた土地家屋」もなく、収入における家賃支払いの割合は高まり、貧困のためそもそも子どもさえつくらない時代になってしまった。令和三年の出生率は明治の統計開始以来最低となり、国家機能を将来にわたって維持できるかどうかという次元になったのである。

これもすべて女子修身の「不存在」に始まる負の連鎖である。生来的に優れた女性であれば、その女性そのものは愛されるかもしれない。しかし、そこに修身が無ければその女性が産んだ子どもを愛する理由に確信を得られないのだ。

このようにして相続の連鎖から外れた人々は、ひと夏の蠅のようにまた全てを一からやり直さなければならないのである。言い換えれば、父祖からの叡智と財産を獲得する「確信」は、修身による女子の高潔さが必要不可欠なのだ。姦通以前に托卵などという言葉が離婚訴訟中に平然と飛び交う倫理基準の社会では、そこに相続が生じる理由が無い。

そこで本書に注目していきたい。本書を大日本帝国の残滓とみるのは誤謬ある先入観である。本書は、神代から連綿と継がれる女子の何たるかの集大成であり、そこに高度な文明人として文化人としての在り様が説かれているのである。それは次の一文に凝縮される。

皇国護持の一念に徹して、無窮の生々発展に寄与する国家有用の人物を育成することこそ、実に私ども女子の最大の誇りであります。（一八二頁）

全ての国家指導者、歴史的偉人、国家の発展にいなくてはならない人物には全て母親がいた。そうした大きい話から、個々の家族の形成まで、必ず母親はそこに存在するのである。ならば、女子から母に成長したとき、その精神の性質によって国民の質そのものが定義されるといっても過言ではない。女は成長する。娘として生まれ、妻となり、母となるのである。いつまでも娘であることは退嬰（たいえい）そのものである。要するに身体ばかり成長して心が成長していない女が増えればその国はどうなるか。だからこその女子修身なのである。

「総力戦」下における女子修身

以上を前提に、次は各論について述べていきたい。

本書は、いわゆる高等女学校の第一学年から第三学年を対象にしたものだ。高等女学校の入学者は明治初期には全国で僅か五十名ほどの女子しか入学しなかったが、昭和十五年には毎年十四万人前後の女子が入学し、女子全体でいえば十六％が女学校へ進学するようになった。

これには、社会全体がより高い学力や道徳意識の高い教育を受けた妻、または女子労働者を求めるようになった時代背景があった。というのも、例えば帝国大学における初の女子学生の推移をみると、一九一三年に東北帝国大学で女子学生の入学が全国で初めて認められ、次に私の母校である九州帝国大学が一九二五年に女子学生の入学を認めた。そして、北海道帝国大学（一九三〇年女子学生入学）、大阪帝国大学（一九三五年女子学生入学）と続くのである（東大と京大と名大は第二次世界大戦の終結後まで女子学生の正規入学は認められなかった）。

これに対応するかのように、男子と女子では教育法令そのものが別個であったものが、戦時下の昭和十八年には男女別を廃止し、中等教育令として男女統一されるに至る。ではなぜこのような運びとなったのであろう。それは、総力戦である。

今、戦力の増強に備えて、女子もまたあらゆる職場に赴き、男子と共に働いて、前線将兵の敢

闘にこたえ、以って大御心を安んじ奉らなければなりません。(三十七頁)

ここで、令和に生きる私たちは既に総力戦の恩恵を当然の如く受けているため、総力戦が無い状態とは何か先ず説明しなければならないだろう。

昔、礼節ある女から生まれた子は産まれながらにして父祖の財産を相続したため、馬を飼い武具防具を揃える資力を有し、食糧を獲得するための労働から解放されていたため、弓矢刀を扱う軍事訓練に時間を使うことが出来た。こうして軍事貴族が誕生した。

この時代の戦争は、複数の軍事貴族の家々を束ねた者が指揮し、貴族と貴族が戦う形態であった。ここで一般人は戦争の勝敗に影響しなかったため、戦時ともなれば山林へ逃散した。福沢諭吉「学問のすゝめ」にも、我が国の戦国時代の民衆(武田領民)が戦時になると一目散に逃げ出した様子を「近代国家にあるまじき様子」として批判的に著述されている。

この戦争形態を一変させたのが鉄砲の発明と普及である。鉄砲は射程距離や装弾数の問題があるとはいえ、どのような者であっても弓矢や刀や馬術など訓練に長期間かかる軍事技術に比して、極めて短期間で実戦投入が可能となった。この兵士らで、軍事貴族の騎馬隊を一掃できる兵力となったのである。そうなると、戦争の勝敗は銃口の数をひたすら増やすことに因るに至る。

こうして世界各国は徴兵制を導入し、従来戦争参加義務のなかった平民を「貴族のように」扱うことで、銃口の数を増やしたのである。そこで、大人数を長期間にわたって統制しなければならないから、今まで貴族階級の子弟だけに施されていた教育を普及させ、貴族の概念である「家」と「名字」の概念を一般人全体に普及させることとなった。

ここで、貴族の女子だけに求められていた「貞操」も重視されるに至るのである。当たり前であるが、村祭りで誰の子ともわからない身ごもりをして「村の子」として育てられた子に「名字」は必要なく「家」もない。しかし、それでは戦争に勝てないので、誰の子なのか明確に推定される婚姻法を整備し、どの家に所属するのか明示するため名字を名乗ることを義務化し、平民を貴族のように扱い、戦争に参加させたのである。ここまでが、総力戦への過渡期である。

戦争に協力したからこそ、今日の女性の地位向上はあった

次に、軍事技術に更なる革新が起き、機関銃や戦車、飛行機、毒ガスなどの新兵器が登場すると、それらの新兵器を生産する工業基盤、その工業基盤を支える質の高い労働者、原材料を加工する熱や電気を得るための化石燃料の採掘など、「戦争に勝つ」という目的を達成するため、国家の細部に至るまで完全な統制を必要とするようになったのである。これが総力戦だ。

この統制の中には、将来の労働者となる新生児を国家が管理して安全かつ健康に育てなければならない必要性が生じ、母子健康手帳や予防接種、乳児健康診断など今日では当然とされる福祉制度が整備され、労働者の老後のため厚生年金も勤続年数によって受給できることにして労働意欲を維持させた。これらは「戦争に勝つ」というただそれだけのために法制化され、導入されたのである。

このようにして総力戦を戦い抜くにあたり、封建時代の民衆のように振る舞っていては敗北が必至のため、女子が家から出ることが推奨されたのである。家から出る以上、男子同様に学識が無ければ質の良い労働力を提供できないため、必然的に女子教育の必要性が社会的に承認されるようになる。語弊を恐れずにいえば、現在のジェンダーフリーや男女社会参画の原点は、実は「総力戦」の遂行にあったのである。それは、本書の次の箇所にも読み取れる。

> かつて、女子には学問はいらないといわれた時代もありました。しかし、それは大きな間違いであります。皇国女子は、今や国家活動の全般に亘って、広く深い知識・技能をもち、或は家政を斉え、或は教鞭を執り、或は職場に働いて、後顧の憂いをなからしめるよう努めなければなりません。このようにして、戦力の増強に力を尽くす心掛が極めて大切であります。（七十七頁）

以上の社会事情の変化から女子は戦争の勝敗に組み込まれ、結果的に権利と好待遇を獲得し、国家をより発展させたのである。

しかし、その代償はあった。本来ならば女子が出産と育児に使う力を社会発展に供出したのであるから、文明の発展と共に少子化は避けられなかった。一方でいわゆる発展途上地域で子沢山なことが多いのは、女子がその力を出産と育児のみに使用しているためであると説明できよう。

とはいえ、その後帝国憲法下最後の衆議院議員総選挙では選挙法が改正され女子が参政権を獲得し、同時期の米国下院や英国庶民院の約二倍にあたる割合の女性衆議院議員が第九十回帝国議会で誕生した背景は、進駐軍の「民主化指導」などとは何ら無関係であり、ひとえに女子がその力を国家のために供出し続け、腹を痛めて産んだ息子の命を祖国に捧げたのみならず、空襲の標的にされる軍需工場での生産にその血と骨を惜しまず勤めあげた功績によってもたらされたといっても過言ではないのである。

戦争に女子が協力したからこそ現在の女子の地位待遇がある事実は、多くのジェンダー論で無視されている歴史的事実である。しかし、本書が戦争の勝利のため女子教育の発展と社会参画を明確に記述している事実は何人も否定できない。そんな先人女性たちの無言の貢献に私は感無量の思いを馳せると同時に、平塚、山川など口先だけの女性活動家に対する侮蔑心をより鮮明に覚えるのである。

「奥」と「かみ」

さて、ここまで女子修身の究極的な意義と今日の女子の地位そのものが総力戦に由来することを述べた。思うに、愛国心に性差は無い。そして、銃の引き金を女子の指で引こうが男子の指で引こうが銃弾の威力は変わらない。しかし、そうはいっても生物学的な性差は依然としてそこにあることを忘れてはならない。これを考慮せず稚拙な男女平等論に傾斜したのが平成の曲学阿世の徒らであり、それらに支えられたのが、国家予算の約一割を占め、かつての防衛費の二倍を要した「男女共同参画社会」という愚策であった。

母性とは産む性である。この前提を欠く如何なる教育や政策も国益と文明の進歩を妨げるものでしかない。そこで、近代以前の我が国ではどのような性の役割があったのだろうか。すこし掘り下げてみたい。

例えば、江戸時代の風俗史を記録した喜田川守貞は、我が国における妻の一般呼称である「奥さん」と「おかみさん」という呼び方が元禄期には武家と商家農家で分離したことを『守貞謾稿』に記録している。これによると武家の妻は「奥様」であり、平民の妻は「おかみさま」である。

この理由は明確であり、前述の通り近代国家以前の戦争は軍事貴族同士の戦いであるため、武家の妻は戦争に関与せず、その義務は将兵となる男子を産むことだけにある。よって姦通は死罪相当であるも、家事労働の義務はない。ただ寝室で主人の子を宿すことが責務とされたため寝室から出るべき理由が無く、「奥様」と言われるようになった。

一方で、商家や農家の妻は出産育児を当然にして行うことに加えて家業を手伝い、農作業や商品販売に従事する。そうするとどう考えても単に働くだけの男性よりも出産する分、女子の方が果たすべき労働量が多い。そこで、大和言葉で至上を意味する「かみ」の称号を得たである。例えば、武蔵国の行政長官は「守」と書いてカミと読む。つまり、家の長が「おかみさま」という意味だ。

「産むだけの性」の消滅

このような男女の役割が一変したのが明治維新である。

国民皆兵によって国の守りを固めなければならなくなったため、誰もが武士としての家風を漠然と意識するようになった。しかし、ここで重大な見落としがあった。生活の実態としては、妻に出産育児と家事労働をさせているにもかかわらず、「武家の妻」かのような待遇にしたのである。

つまり、武家の妻が三つ指を床について主人を迎え入れる前提条件には、妻の義務が出産のみであり、育児は乳母がして家事は下男がするという生活に由来するにもかかわらず、国民皆兵によって「なんとなく武士のような家」を目指した人々が、旧来の通り家事育児労働をする妻に対しても「奥様のようになれ」としたのである。

これに激怒したのが、総力戦が始まるまでの過渡期に生きた女性達であった。

このひずみは、昭和になってもなかなか解消されず、いわゆるジェンダー論が家族というかたちそのものを全否定する動機を形成する前提となった。搾取された被害者としての性として女性を位置づけるようになったのである。この勢いは夫婦別姓論などあらゆる形となり令和の今も確実に存在する。

しかし、そうではない。ここで、女子修身に立ち返って、あるべき女性像について気づく必要がある。

一家の中心は、いうまでもなく家長であります。しかし、家長は通例外に出て働いているのでありますから、家政を担当して、日常の生活に於いて斉家報国の努めを果たすのは、主として主婦であります。（一六一頁）

これは、「奥様」の概念との決別であり、すべての妻を「おかみさま」とする国家の意思である。女はただ産んで居れば良いとする旧来の性の在り方に対する決定的な忌避が読み取れるのである。主婦とは言いつつ、家の財政、子の教育、食糧などの輜重(しちょう)、あらゆる義務を妻に期待しているのである。その働きにみあった女性の地位待遇が期待される潮流となるのはある意味自然であったと言えよう。封建的な「産むだけの性」は無くなったのである。

所領の分割相続を避けるため、武家の妻が夫と同じ氏を決して名乗らず、夫の財産を相続することがなかった家族の在り方ではなく、夫婦が同じ氏を名乗り夫の財産を妻が相続する家族の在り方を標準としたのである。

「男女平等」は国家緊急時における特別措置

しかし、そこで決して無視してはならないことがある。生物学的性差の事実である。先ほど、女子の指で引き金を引こうと銃弾の威力は変わらないと述べた。しかし、その銃を担いで走れる距離には、決定的な男女差がある。つまり、人間の観念的な思想で如何様に男女平等であろうと捉えたとしても、人間である以上、女の筋肉と骨格は男のそれに至らないのである。人はそのように進化したのだ。

つまり、総力戦の遂行から男女の社会的な性差を縮小させた方向性は確かに男女同権の道を切り開いたが、労働時間や労働内容は依然として性による制限を受けている現実がある。それは今日における労災死亡事故件数のほとんどが男性であることによって説明できる。この社会インフラ自体、男女平等によって維持されているのではないのだ。ここから言えることは、男女平等とは国家緊急時における特別措置であると解することが出来る。

女が出産育児をする力と女の労働力の等価交換だ。少子化と共に国力を得たのである。これは人類史におけるイレギュラーであり、常道的に継続すべきことではないのだ。そのひずみは、まもなく少子高齢化によって社会が維持できなくなることによって私たちが実感することになるであろう。ましてやその解決法として非文明圏からの移民受け入れをしたならば、せっかく築き上げた文明さえ喪失してしまうのである。

女子修身が求めたのは、日本の存立が危ぶまれる中での女子の在り方であり、非常時には斯く有るべしという合理的選択だった。そしていま、その選択を今後も継続するのか否かという重大な決断を私たちは迫られることになる。

その判断をする上での一助として、「保守思想の父」エドマンド・バークによる『崇高と美の観念の起源』から男女観についての一論を紹介したい。

バークによれば、崇高とは巨大であり、死と恐怖を意識させる要素であり、美とは小さいものであり快楽を意識させるものであると定義している。これは、生物学的に男性の肉体は大きく、男性ホルモンとされるテストステロンには攻撃性を喚起する精神作用があることと合致しており、一方で女性の身体は小さく、女性ホルモンとされるエストロゲンには鎮静作用があることとも合致する。バークの時代にホルモンは発見されていないが、自然観察によって経験的にその構造を読み解くことが出来るものといえよう。ここから女子修身の真価が理解できるのである。つまり、人間の観念とは形而上にあったとしても物理的な現実から切り離されて跳躍したものではなく、あくまで現実を基礎にして形成されているということである。

男女には「平等」を求めるではなく「それぞれの特権」があるとせよ

本書は、彼処(かしこ)に「戦時下」であることを限定かつ強調した上で、女子の社会参画を教育しているのである。これを「女性の本分」であるとは決して書いていない。母として成就することこそ女子の本懐であると説きつつ、戦争という緊急事態への対処のため女子の社会参画の必要性を説明しているのである。つまり、問題の本質はこの戦時下の特別な措置をまるで塩や米の戦時専売制度が橋本龍太郎内閣のときまで続いていたかのごとく、令和のいまも継続しているという政策にある。国家緊急時の施策を戦後七十八年以上継続していれば、この国家の体力が決して続かないことは誰でもわかることであろう。今こそ休息の時代が必要である。それには、男女は平等であるべきではなく、男女にはそれぞれ特権があるとすべきなのである。このようにすれば、家と家の集合体としての国家を未来に渡って守り続けるであろう。

最後に総括として女子修身の効用を述べたい。

女子の在り方とは女子一個人の人生で到底到達できるものではない。そこには歴史と伝統によって陶冶された精神の凝縮があり、思春期を迎えた女子が成人女性として信頼されるに足りる素養の何たるかを得させるものである。

私は現在四児を育てている。私個人だけでの教育には限界がある。必然的に先人たちの知恵と経験則を借りることになる。それが教育の淵源である。

御令嬢を持つ父親、愛すべき孫娘を持つ祖父が先ず本書を手に取ってくださることを真摯に願う。それが相続の始まりであり、国家の根本であり、国体の本義となるのである。

（了）

昭和二十年二月二十四日印刷
昭和二十年二月二十八日發行

（非賣品）

著作兼發行者　文部省

東京都牛込區市谷加賀町一丁目十二番地
印刷者　佐久間長吉郎

東京都牛込區市谷加賀町一丁目十二番地
印刷所　大日本印刷株式會社

『中等修身 女子用』について

本書は高等女学校（現在の中学〜高校）用修身教科書『中等修身』一･二（昭和19年発行）三（昭和20年見本発行）の合本である。「教育勅語」の実践を通じ、皇国女子として清く正しい生き方を貫くための道徳的判断力を養い、伝統に学んで美しい婦徳を備えることを目的としていた。近い将来必要となる、母親としての覚悟も説いている。本書の特徴はそれだけではない。本土空襲が始まり、前線銃後の区別のない局面を迎えた時期の教科書であるため、女子生徒には国土防衛における重要な戦士としての役割も要求されている。ただし、昭和19年度から高等女学校生徒の勤労動員が本格化したため、本書は授業ではほとんど使われていない。
戦後ＧＨＱは、国家神道色が強く、軍国主義、極端な国家主義思想を生徒に押しつける教科であるとして修身の授業を廃止し、本教科書の回収・処分を命じた。以後、学校教育で女子が日本の伝統的婦徳を涵養する機会は失われた。

編集協力：和中光次

[復刻版] 中等修身 女子用

令和5年 9 月13日　　第1刷発行

著　者　文部省
発行者　日高 裕明
発　行　株式会社ハート出版

〒171-0014 東京都豊島区池袋 3-9-23
TEL03-3590-6077 FAX03-3590-6078
ハート出版ホームページ https://www.810.co.jp

Printed in Japan　ISBN978-4-8024-0165-4
印刷・製本 中央精版印刷株式会社

［復刻版］高等科国史

未使用・未刊行　世に出ることのなかった“幻の教科書”

三浦小太郎 解説

ISBN978-4-8024-0111-1　本体 1800 円

［復刻版］初等科国史

ＧＨＱに廃止された「我が国最後の国史教科書」

三浦小太郎 解説　矢作直樹 推薦

ISBN978-4-8024-0084-8　本体 1800 円

［復刻版］初等科修身［中・高学年版］

ＧＨＱが葬った《禁断》の教科書

矢作直樹 解説・推薦

ISBN978-4-8024-0094-7　本体 1800 円

［復刻版］初等科国語［中学年版］

日本語の美しい響きと力強さだけでなく、大切な道徳心も学べる国語教科書

葛城奈海 解説　矢作直樹 推薦

ISBN978-4-8024-0103-6　本体 2000 円

［復刻版］初等科国語［高学年版］

道徳的価値観に基づく愛の心に満ちた国語教科書

小名木善行 解説　矢作直樹 推薦

ISBN978-4-8024-0102-9　本体 2500 円

［復刻版］初等科地理

ご先祖が学んだ我が国と大東亜の“地政学”

宮崎正弘 解説　矢作直樹 推薦

ISBN978-4-8024-0123-4　本体 1700 円

［復刻版］ヨイコドモ［初等科修身　低学年版］

敗戦前、小学校低学年の時からこんな道徳を学んでいた！

矢作直樹 推薦

ISBN978-4-8024-0095-4　本体 1600 円

［復刻版］よみかた上・下［初等科国語　低学年版］

敗戦前、小学校低学年の時からこんな国語を学んでいた！

佐波優子 解説　矢作直樹 推薦

ISBN978-4-8024-0100-5　箱入りセット　本体 4500 円

[復刻版] 中等歴史 [東亜及び世界篇〈東洋史・西洋史〉]

戦前戦中の日本から見た、目からウロコの「世界史」

三浦小太郎 解説

ISBN978-4-8024-0133-3　本体 1700 円

[復刻版] 国民礼法

これが GHQ が廃止した礼法の教科書だ！

竹内久美子 解説

ISBN978-4-8024-0143-2　本体 1400 円

[復刻版] 高等科修身　男子用

我が国最後の修身教科書「国家を守るために一番大事なのは心と教育である」

高須克弥 解説

ISBN978-4-8024-0152-4　本体 1500 円

[新字体・現代仮名遣い版] 巣鴨日記

獄中から見た東京裁判の舞台裏

重光 葵 著　山岡鉄秀 解説

ISBN978-4-8024-0157-9　本体 2500 円

囚われの楽園

脱北医師が見たありのままの北朝鮮

李 泰炅 著　川﨑孝雄 訳　荒木和博 解説

ISBN978-4-8024-0158-6　本体 1500 円

中国共産党

毛沢東から習近平まで 異形の党の正体に迫る

小滝 透 著

ISBN978-4-8024-0153-1　本体 1800 円

反日国家の野望・光州事件

光州事件は民主化運動か？北朝鮮が仕組んだ暴動なのか？

池 萬元 著　松木國俊 監訳

ISBN978-4-8024-0145-6　本体 2000 円

1945 わたしの満洲脱出記

普及版 かみかぜよ、何処に

稲毛幸子 著

ISBN978-4-8024-0137-1　本体 1000 円